私のすまい史

関西・北海道・パリ

足達富士夫

北海道大学出版会

刊行にあたって

この本が世にでるまでにずいぶん長い時間がかかってしまった。もちろんこの本は足達富士夫先生が自ら出版することを考えていた。先生は北海道大学を退官する少し前から準備をはじめ、当初、大学をやめてからそう時間をかけないで出版する予定でいた。私たち研究室のものは、退官が近づくすこし前から足達先生が、自分の「すまい史」をそのうち書いてみたいということをきいていたし、それがいよいよ書きはじめた、むかしの住宅の資料がなかなか手にはいらない、というように少しずつ具体化していった経緯を見ききしていたので、それが少しおくれても大学をやめてから二、三年のうちにはでるものと確信していた。

しかし一九九五年の退官と同時に先生は請われて南の福山大学につとめることになり、また役職を与えられてそうかんたんには時間がとれない状況になる。ただでさえ人的にめぐまれている(?)当時の国立大学からなんでも自分でしなければならない私立大学に移ったために、はじめのうちはとても原稿を整理するどころではないなどと、ときどき私のところにかかってくる電話口でこぼしておられたのを、今にして思えばなつかしく思う。電話は主に「すまい史」につかいたいと考えている資料のことについてであったが、たいてい資料の説明がおわると、先生ご自身の近況をかたられるのがいつしか常となっていた。とまれ、足達先生の「すまい史」の原稿執筆は、はじめの予定から次第におくれ、病気でたおれる前の年の二〇〇〇年になっても完成はまだであった。そのすこし前から「すまい史」の草稿に目を通していた私は、一度先生の様子をうかがうべく京都のすまいを訪れたことがある。先生が病気でたおれる直前の春のことである。

京都の北、御所のあるところで、比較的表の通りからは分かりにくい閑静な小路に面する小さな賃貸マンションで、先生はそのマンションの三階に住んでいた。住宅は当時の足達先生の生活をいとなむうえで必要最小限の広さと設備があるもので、今風にいえば八畳程度のダイニング・キチンと六畳程度の和室があるいわゆる1DKマンションである。部屋にはいるとなかにはほとんど家具らしいものはなく、せいぜいDKに小さなちゃぶ台風のテーブルと冷蔵庫がある程度である。

そういうところから先生は当時広島の福山大学へ毎週通っていた。週はじめの火曜日(学期によっては水曜日)にでかけ、金曜日には京都のマンションにもどるという生活がずうっと、それこそ福山大学にいるあいだは毎週欠かすことなくつづけられていた。京都に戻って「すまい史」の原稿の作成、本文に使用する図面類の整理などはされていたようで、私が訪れたときにもちゃぶ台の上には先生愛用のワープロ機(確かオアシスという機種名であった)がおかれ、原稿や図面類などがそのまわりにおかれていた(散らばっていたというほうがただしいが)。

しかし残念ながら「すまい史」の原稿は福山大学に移ってから数年してもなかなか完成することは

なかった。先生に京都でお会いしたときにも原稿の完成はまだであること、しかし原稿は最終段階にあるのだが大学の仕事が忙しくてその一歩手前のところで止まっていることなどを話された。そのときの先生の顔はいつものようにやさしく笑っているのだが(足達スマイルともいわれていた独特の表情がある)、非常に疲れているようにみえた。外で食事をすることになり近くのレストランで早めの夕食を先生とすることになった。いつもだとおいしいごちそうとワインがあれば得意の解釈を交えたユニークな時流論や文化論などで一時しあわせな時間をすごさせてもらうのだが、なぜかこのときはお互いの大学の組織のことだとかまじめな(?)研究の話題などで食事をおえ、せっかくの邂逅が十分な幸福感にいたらなかった記憶がある。

それからすぐのことであった。二〇〇一年の八月の末のこと、次男の健夫さんから私の自宅に電話があり、足達先生が自宅でたおれ、札幌市内の病院に救急車ではこばれたという。足達先生は、福山大学にうつってからも毎年夏には大学の休みを利用して自宅のある札幌にもどり、夏をすごしていた。北海道の夏は本州の夏にくらべてはるかにすごしやすく、先生もそこで少しでも元気をつけようとしていたように思う。私は先生が戻ることをしって、先生の自宅でお会いする約束をしていたその二、三日前のことであった。病状の詳細は省かせていただくが、脳内出血により自宅でたおれてから長い入院生活中も意識がもどることはないままに、翌二〇〇二年六月二四日帰らぬ人となる。「すまい史」の原稿はそのまま完成することなく先生の荷物のなかに埋もれることになる。

それからしばらくたち、二〇〇四年のある日、健夫さんより連絡があり、父の残した「すまい史」

の原稿がみつかったという。と言うよりも先生の愛用していたワープロの中やフロッピーディスクに原稿が残されており、それらを整理したので一度見てほしいということになった。足達先生がこれまでしたため著書のかたちになっていない原稿類を何らかのかたちで整理したいと考えていた私たちとしては、すぐに原稿をよませていただき、単独で出版することを希望していたご兄弟(長男の太郎さんは当時アフリカに滞在中)の意向にそい協力をもうしでることにした。先生のとつぜんの逝去によりやむを得ず私たちが引き受けることになったものではあるが、しかし原稿はまだ未完であった。原稿をあずかり、精読すると肝心の原稿が欠落している部分や使用予定の図や写真などが不足(未発見か)していた。また北海道大学出版会の前田さんに相談すると全体に文書ボリュームが足りないということになり、少しボリュームをましてほしいとの要求もあった。

そうこうするうちに、二〇〇六年の春に、健夫さんから足達先生の残された資料類の大捜索の許可がきた。実は、その前年から一度先生の資料類を全面的に点検してみたいことを伝えてあったのだが、何しろその資料といってもほとんどが段ボール箱に入ったままで、しかも札幌にある自宅地下室(総地下で広い)の半分以上を占めるほどに大量にあった。なかなかその決心がつかなかったのだが、いよいよやろうということになり、都合のよい日を指定していただいたのである。研究室のメンバー数人がかりで二日間にわたって行った捜索の結果、ようやく先生が「すまい史」に使う予定にしていたと思われる写真、図面類のファイルが見つかった。すべての図、写真類がそろっていたわけではないが、出版に向けての動きが加速したことは事実である。

資料類が見つかるまで時間がかかり、また予定していた出版社側からの要求にこたえる時間もある程度必要だったのは確かだが、しかしこのように出版までに長い時間がかかってしまったのはひとえに私の責任であり、関係のみなさま方におわびしたい。とまれ、ここに足達富士夫先生のくらしの哲学をしめし、生涯の生き方をもかいま見ることができる「すまい史」を上梓できたのは、出版事業をお手伝いさせていただいた私たちとしてもたいへんうれしく思う次第である。この本が、単に個人の「すまい史」の範囲をこえて、すまい論、建築論、文化論としての意味をもちうるたいへんユニークな内容をそなえていること、また読む人に時代をこえた生きるメッセージをときにはユーモアを交えてつたえる内容にもなっていることをおしらせして、広く読者のご判断をまつものである。

二〇〇六年一〇月一日

野口孝博（北海道大学教授）

私のすまい史——目次

はしがき

数えてみると、私はうまれてから今までに、学生のときの下宿もいれれて、一五ほどの家に住んできた。外国で住んだ家もいれるともっとになる。一五がふつうより多いかどうか、私にはわからない。転勤の多い役人のひとなどはもっとずっと多いだろう。それらの家々は、住体験としても記憶としても、大きくふたつのグループとして私のなかにのこっている。ひとつは子供、学生のころをすごした関西と、しばらくだがつとめていて新婚生活をいとなんだ東京の家、もうひとつは札幌の家である。なんといっても住体験がまったく異質だからである。それぞれの家にはそれなりの記憶にのこる印象もあるが、まずこのふたつの地域と住生活のちがいが、つよい記憶として頭にうかぶ。関東関西文化論でよくとり沙汰されるようなちがいは、こまかくみればいろいろあるにちがいないが、北海道と関西(あるいは関東)とのちがいにくらべたらしれたものである。

たいていの大人は旅行してこの両方の環境、風物はだいたい見当がつくにちがいない。けれども、観光旅行でも実際にいってみた体験は貴重だが、しばらくでも住んでみた体験はまったく別のことである。ことに環境のことは、いっただけでなく、住んでみてはじめてわかるということが多い。住体験は土地の習俗にふかくかかわり、習俗は環境の反映そのものである。そしてこのことからまた、一か所に住んでいたのではわからないそれぞれの環境の特色、もち味に気づくのである。いくつかの家に住むなどはごくありふれた体験にすぎないが、気候条件のまったくちがうふたつの地域に住んだのは、私には貴重な体験だった。ひとつひとつの家をたどりながら、これら二地域の住体験をのべてみたい。

私は、これまでこの地域差がもたらす住宅のちがいについて、いろいろ考え、またしらべてきた。けれどもたとえば北海道の住宅の間取りについて理屈をのべることに、いつもあるもどかしさを感じないではいられなかった。抽象的な理屈にしてしまうと、みなあたりまえのことになって、「それがどうした」と自分でいいたくなるのである。日常生活というものはすべてそういうものかも知れない。むしろ生活体験をそのまま語るほうが、いわば肉感性をもってよむ人につたえられるかも知れない……もちろんそれはかき方によるので、へたな自伝まがいは読まされるほうが迷惑する。そうならないようにつとめたいが、そういう自信もない。どちらにしても、多少とも私小説風にあまくなるのはさけられないだろうし、これは大目に見ていただきたい。

ところで私は住んだ家の外観写真やプランをすべて記録しているわけではない。家庭をもってからのは記録してあるし、まただいたいおぼえてもいるが、学生時代の下宿などは記録がない。最近それら五軒をたずねてみたが、一九五〇年代前半のころ下宿した家で、外観だけでもだいたいそのままのこっているのは三軒だった。それも内部はわからない。たぶん相当かわっているだろう。へやの様子はおおよそおもいだせるが、家全体となるとあいまいになる。しかしまあ細部にはこだわらないことにしよう。

一　奈良から札幌へ

一九九五年の春、私は二一年ぶりに関西に住むことになった。浦島太郎のようなものである。ただ風貌は年をとっただけ、浦島太郎風になったが、だれひとり知ったひとに出あわなくて途方にくれるということはなかった。二一年のうちになんども関西をおとずれているし、これだけ情報が豊富な時代に、知人の消息や町のすがたの変化がわからぬなどということはありえない。浦島太郎が故郷の海岸で途方にくれたのは、むかしの情報網のまずしさをしめすものにほかならない。もっとも現世とのあいだの通信不可能なところが龍宮のいいところであろう。

だからひとびととのかかわり方について、べつに不安はなかった。私が関西にうつるについていちばん不安におもったのは、冬の寒さだった。なにも奇をてらっているわけではない。たとえば京都の冬はけっこうきびしい。もちろん気温は札幌よりもはるかにあったかい。寒いのは家の中である。このごろは関西でも断熱材をつかった防寒構造の家が普及しはじめているらしいが、新しい家でも昔のままの構法のが多いようだ。暖房でもじか焚きのポータブルのストーブが多い。ともかく私は冬京都にくるたびに寒いおもいをした。

札幌では朝おきたとき、外の気温は見当がつかない。外気温を家のなかからはかる寒暖計をみて、ああ今日はマイナス一〇度だな、外にでるのはおっくうだなとおもう。京都では外の気温がじかに家のなかで感じられる。

一九七四年、奈良から札幌にいくことになったとき、気になったのはやはり北海道の冬の寒さだった。暖房がちゃんとしているから心配はないということはきかされていた。高校の友人が北海道に住んでいるのできいてみると、たしかに暖房はしっかりしているし、それに寒さなんてものは、そういうものだとおもえばどうってことはないと保証してくれた。

きてみてわかったことは、住んだ経験のない環境というものは、想像してみるのがたいへんむずかしいということである。実際には心配したほどのことはなく、むしろ逆のこともあったが、札幌にいるあいだ中、京都や東京の友人たちは冬の寒さの心配をしてくれた。その気持ちはありがたかったが、私のおもうのに、彼らは京都なり東京なりで現に自分が住んでいる家、自分が着ている服装のままで、気温が一二、三度さがった状態を想像しているのである。これではたまらぬのは当然である。それはちょうど夏にその服装のままで冬になった場合を想像するようなものだろう。だれでも冬には冬の服装をすることをおもえばわかるはずだが、そういう類推はむずかしいものらしい。自分の体験を基準にしたごくせまい類推の域をでないもののようだ。

ともかく服装、家のつくり、暖房設備がちょっとかわれば住みごこちはすっかりかわるもので、またそれは実際に体験してみなければわからないものだということがわかった。

一九七四年の四月三〇日に家族四人で飛行機で札幌にやってきた日のことは、いまでもよくおぼえている。その季節の札幌の気候がどんなものかまったく知らなかったが、その日は快晴で空気はひんやりとしていたが寒いということはなく、なんだこんなものかとおもったものだ。あとから考えてみるとふつうよりずっとあたたかな日和だったようだ。

その日はホテルにとまり、つぎの日の朝、これから住むことになる官舎にいくために、ホテルのロビーから扉をあけて外にでておどろいた。おそろしく冷たいつよい風がふいてきて、あわててまたロビーににげこんだ。五月一日がこの寒さでは、これはたいへんなことだぞとおもった。覚悟をきめて外にでると、ちょうどメーデーの行列が町をあるいていた。寒さに小雨が加わり、なんだかひどくわびしい、意気のあがらぬメーデーにみえた。前の年の五月の連休には、家族で奈良の北をながれる木津川の上流の川原でバーベキューをしたが、天気がよく、子供たちはランニングすがたであそんでいた。

ついでだが、季節や気候の記憶は、おおよその感じはわかっても、こまかいことになると、去年のことでもはっきりとはおもいだせないものである。私は奈良付近の五月上旬の気候は、この木津川のピクニックにからめて、どこにいてもはっきりおもいうかべることができる。京都の七月中旬の暑さは学生のころ、ある年の祇園祭りで友人とビールをのんだときの記憶、九月上旬は、ある国際会議で外国からの参加者を奈良を案内したときに、イギリスの代表が背広を腕にぶらさげて、暑さにぐったりとなっていたときの表情の記憶といったぐあいである。もちろん気温は年によってちがうし日によってもちがうが、ひとつの目安にはなる。一〇月、一一月ごろにはこういう目安になる記憶がない。だからこの季節に東京、関西に旅行するときには、どんな服装にするかにいつもまよった。たいてい厚着になった。

ともかく五月のはじめでもこんなに寒く、桜もまだだということで、これはどうやらこれまでとはまったくちがう気候らしいということを実感した。

二　東京に住む

公団単身アパート

私が自分の所帯をもって家庭生活をはじめたのは一九六〇年一〇月、結婚して武蔵野市の公団住宅に住むようになってからである。

その前には二年ばかり公団の単身アパートに住んでいた。これは大学生活をすごした京都の下宿と似ているがすこしちがう。私の居住の歴史のなかで妙に異質な、ひとごとのような気がしているのである。不愉快だったというのではない。またそれが独身生活のためなのか、アパートのせいなのかもはっきりしないが、やはり学生とはまたちがう不安定な独身生活のためだったのだろう。

一九五七年に私は東京で就職した。東京に住むのははじめてで、友人の紹介で小田急沿線の狛江に下宿をした。一年ほどして晴海の住宅公団の独身者用の一室アパートに住んだ。私自身が公団の職員だったが、優先的に入居する特典はもちろんなかった。六畳の畳の部屋に押入れと小さなキチンがついて家賃は三〇〇〇円ほどだったとおもう。ひとりぐらしのアパートで私は屈託していた。初任給がたしか一二〇〇〇円で、独身貴族などというものは、言葉としても品物としてもなかった。

単身アパートの雰囲気というのは奇怪なものである。私は寮生活の経験はないが、たぶん寮とちがって、ひとりひとりはばらばらだ。隣のへやどうしでも友達になることはまずない。仕事も生活時間もちがい、それぞれが仕事のほうでちゃんとした人間関係をつくっているのだから、当然といえば当然である。記憶がはっきりしないが、このアパートには女性の単身者も住んでおり、男女が階でわかれていたようにおもう。後に移ったべつの単身アパートでは階段室をはさんで翼でわかれていた。みな若いから異性に関心のあるのはだれもおなじだったろう。ときどき男の階(あるいは翼)に女性の下着が干してあるのをみかけたりすると、気持ちがおだやかでなかった。

男だけ、女だけの集団というのはやはり正常ではない。男女は(老若もだが)まじりあって住むのが自然だ。おそらく公団もそのことは考えたにちがいない。同時にまた男女関係の混乱を心配したのだろう。階や翼でわける措置はそうした配慮にでたものだったのだろう。けれども、棟全体としてはまじりあっていても、こういうわけ方は、せっかく集めた男女をわざわざ外からだれでも目にみえる形で区別していることになる。結果的には区別を強調することで、この問題に注目をあつめようとしているところがある。今では男女観も当時とかわっているし、それにそんなにしてわけてみても、無作為にまじりあわせても、たいして変わりはないようにおもうが、いまでもこういうふうに区別されているのだろうか。

このアパートでおぼえているのは、へやの奇妙なプロポーションである。奥行きよりも間口が長く、

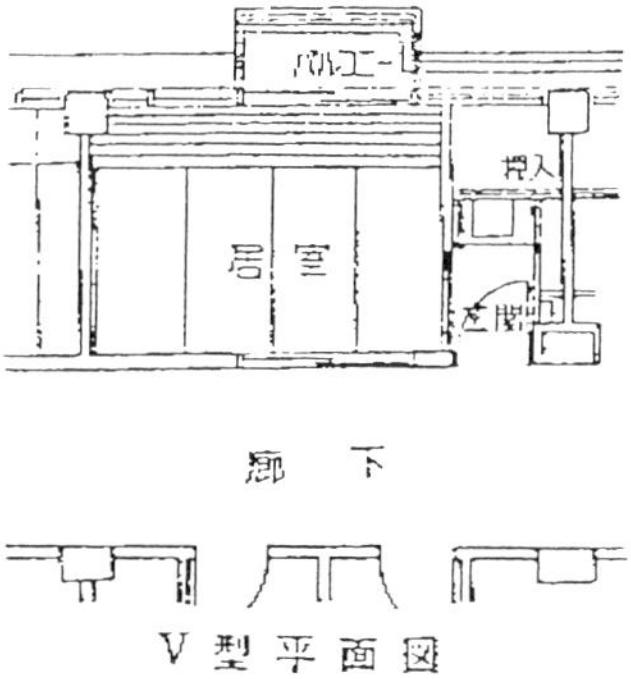

図１　公団単身アパートのへやの奇妙なプロポーション
（出典：「昭和32年第３回募集晴海・大久保賃貸住宅の御案内」日本住宅公団東京支所，1957年）

やたらにガラス面が大きいのである。中廊下になっていて、南側は間口よりも奥行きのながい、五畳ほどのへやに押入れとちいさな台所のついたふつうの形をしていた。ところが北側は南のふたへや分が間口で、間口が大きいだけ奥行きがせまいのだ。こういう空間がどこかにあったなという気がしていたが、ショーウィンドウだと気がついた。ショーウィンドウの形なのである。この独身アパートは団地のいちばん南にあって、北側にはふつうの家族用のアパートがならんでいたか

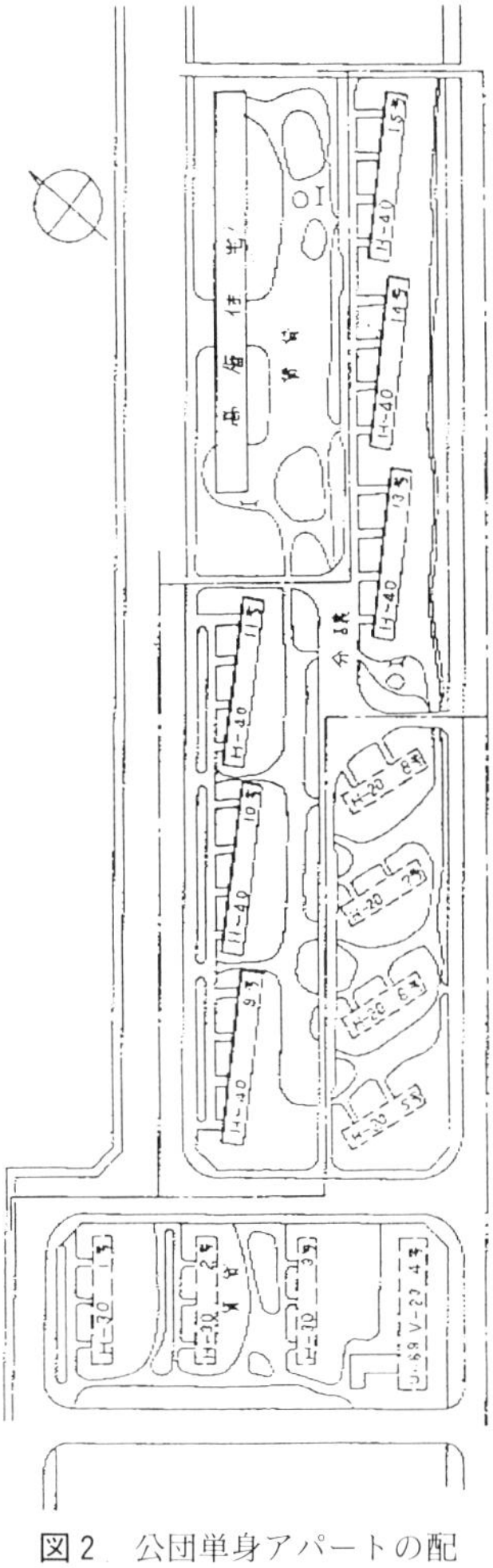

図２　公団単身アパートの配置図（出典：図１に同じ）

ら、実際にそれらの住人からみたら、さえないひとり者のくらしのショウウィンドーというところだったろう。けれどもひとり者の生活などは、のぞいてみたっておもしろくもおかしくもない。それはふつうの家族にしたっておなじことだ。だいたい「裏窓」趣味などというものはミステリーの道具だてにはなっても、そうおもしろいものではない。だからみられる方もみられたってどうということはない。みられてこまるときには、カーテンでもひけばいい。

この単身アパートの一階はマーケットになっていて生鮮食料品やちょっとした日用品はここで用がたりた。なにしろ海岸の埋めたて地につくった団地だから、ちかくには店などはなにもない。ときどきここで材料をかって自炊したが、たいていは九段の事務所にちかい神田の安食堂で友人と晩飯をすませてかえった。ふろも共同のふろが棟のなかにあった。

事務所からかえる途中には、有楽町、銀座、築地と足をひっぱる町がおおかったが、そのころ酒をのむ習慣も余裕もなかった私は、ときどき映画をみるぐらいで、たいていまっすぐかえった。

その後荻窪の単身アパートにうつった。通勤は多少不便になったが、住宅地らしい環境と南むきのへやにひかれたのである。

公団2DK住宅

一九六〇年一〇月に結婚して、武蔵野市緑町の公団の2DK住宅に住んだ。この団地は、戦争中、中島飛行機の工場があり、戦後米軍に接収されてキャンプになっていたのを、返還してもらって公団住宅がたつことになったもので、一〇〇〇戸ほどのアパートがあった。
プランは図3のようにちょっとかわったものだったが、広さ、設備、その他は当時の日本の標準的なアパートの上のほうに位置していた。

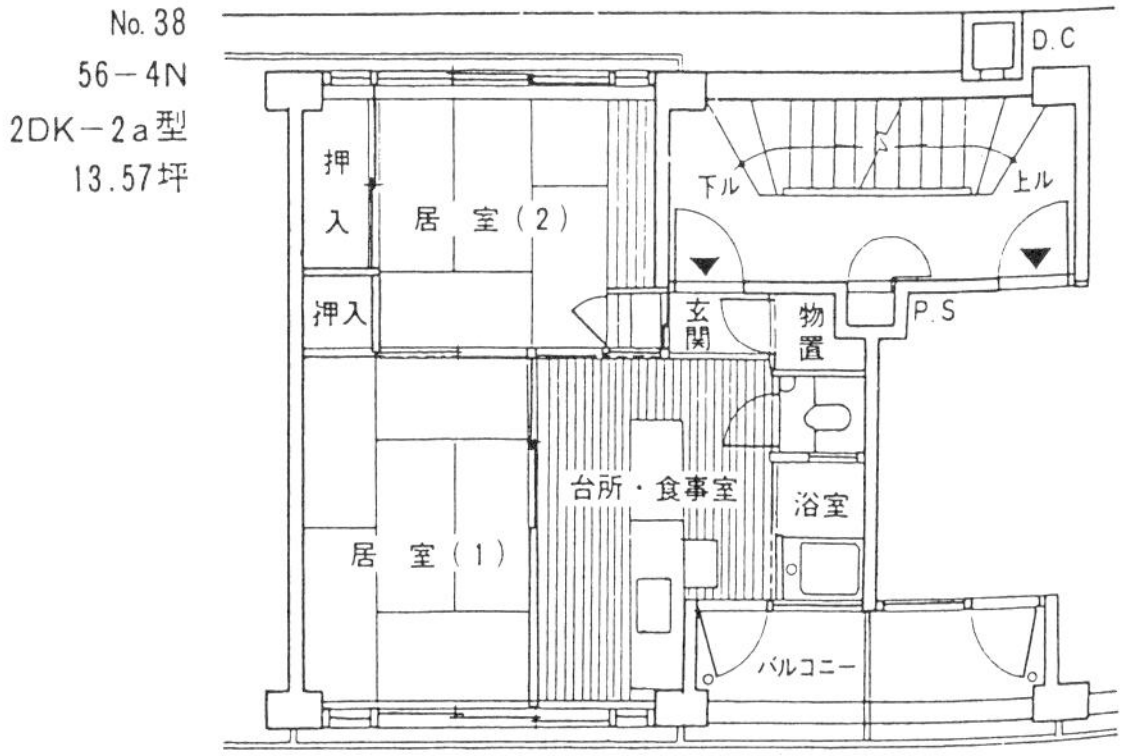

図3　公団2 DK 住宅のプラン（出典不明）

五階建ての三階にあって、面積は約四〇平方メートル、家賃は四五〇〇円／月ほどだった。当時の月収は約二万円である。通勤はバス停まで徒歩五分、バスが一〇分、電車が四〇分、電車をおりてから徒歩一〇分で、待ち時間をいれると一時間とすこしかかった。住宅難の当時、住宅の質も家賃も通勤もまずめぐまれていたといわなければならない。

ついでにいうと、一九六〇年ころの家賃は『戦後値段史年表』（朝日文庫、一九九五）によると、*東京板橋の六、四・五、三畳の三室に台所、洗面所の一戸建てないし長屋で二四〇〇円だったそうだ。ステンレス流しでふろも水洗便所もついた鉄筋のアパートだから、やはりやすかったのだろう。

*一九五二年 九〇〇円、五五年 一八〇〇円、六〇年 二四〇〇円、六二年 三二〇〇円、七四年 二八〇〇〇円、七九年 四四〇〇〇円。

広さは二人には十分だった。北側の四畳半を寝室にして鏡台とたんすをおき、南の六畳は小さな応接テーブルとソファをおき、壁には小さな本棚をおいて、DKといっしょにして居間として使った。この型のアパートにこの家族で住むのには、標準的な住み方だったとおもう。アパート住まいで難儀をするのは収納である。学者や文士の書斎体験を集めた本をよんだことがあるが、仕事が仕事だけに、ことにアパート住まいのひとはみな本の置場に苦労したようだ。私は本はすくなかったから、別に苦労はしなかった。でもここで後のような四人家族になって、その上に物がふえてきたら、住みつづけるには難儀したろう。

洗濯機はバルコニーにおいた。このプランでは自然にそうなるだろう。隣のうちもそうだった。バルコニーは隣とひとつづきで、境には鉄のパイプが一本横にわたしてあるだけなので、洗濯のときなど隣の人と並んですることがある。こういうときには人間関係がうまくいかないとこまることになる。さいわい隣の一家はいい人だった(こちらが隣の人によい隣人だったかどうかはわからない)。わたしは鍵を忘れたまま出勤して、帰ってきて妻が外出しているときなど、隣の家にいれてもらい、バルコニーにでてパイプの下をくぐって家にはいったことがなんどかある。

ここには三年いたが、あたらしくしりあいになったうちは、このバルコニーのつづいた隣の家のほかにはとうとうできなかった。はじめからおなじ団地に友人が何人かいたためもあるが、やはり子供がいなかったせいだろう。よくおぼえていないが、一棟だけ単身者用があったほかは一〇〇〇戸ちかくの家がみんな2DKではなかったろうか。小さな子はみかけたが、小学生中学生などはほとんどみかけなかった。近隣関係がひろがるにはやはり子供が必要だ。それに老人も。その両方がすくなかった。そういう意味では2DKを中心にした当時のアパート団地はやはり欠陥住宅地だったかもしれない。

Y字型のプランをしたアパートも何棟かあり、やはり2DKだった。そういうアパートで開業医をしているうちがあり、かぜや腹痛で両三度お世話になったことがある。アパートで開業するのが公団住宅としてみとめられていたかどうかは、記憶にない。

アパート生活では、同じような建物、同じようないり口扉がならんでいるので、自分の家をまちがえることがあるといわれ、それがアパートの画一性ひいては人間無視のあらわれにあげられることがある。それはそのとおりかも知れないが、そんなことはたいしたことではないとおもう。私もいちどおなじ階段室のうえの階のベルをうっかりおしたことがある。なれてくるとかえってきていちいち表札をみたりしない。階数もいちいちかぞえない。私は階段をあがる体のつかれ具合とかかる時間で階数を判断していた。私はそのころ酒をのむ習慣がなかったから、よっぱらってまちがえるということはなかった。ところがある日その判断で三階のわが家だとおもってベルをおすと、中からききなれない声がきこえた。一瞬お客さんかなと思ったがそれもおかしい。ふと気がついて表札をみるとわが家ではない。四階まであがっていたのだ。しまったとおもってあわてて階段をおりた。家のひとが扉をあける前に姿をけしたから、みつからずにすんだ。その日はたぶんふだんよりも体の調子がよかったのにちがいない。しかしかりにその家のひとがでてきたとしても、それはご愛嬌で、すみませんでしたといえばわらい話ですんだだろうと思う。

のちに奈良に住んでいるとき、やはり公団住宅に住んでいた先輩をたずねて雑談していると、ベルもならさずにいきなりその先輩と私の共通の知人が居間まではいってきた。三人は顔を見合せ、一瞬の沈黙があった。この沈黙は三人それぞれに意味がちがったと思う。私がいちばん単純で、唐突な気はしたがべつに不審に思わず、ただ用事があってしらせてあったので、案内もこわずにはいってきたのだろうと思っていた。家の主である先輩はもうすこし複雑で、このひとがいまごろ(夜だ)なんの用事で案内もこわずにはいってきたのか。無礼をなじる気持ちもまじっていたかもしれない。いちばん複雑だったのはたぶんその闖入者で、知人をたずねたところがそこに別の知人がふたりもきている。なぜこのひとたちがここにいるのか、たずねるつもりの知人とこの知人たちはどういう関係なのか、そういう疑問がしばらく頭のなかをかけめぐったと思う。結局数軒むこうの家をたずねるはずのところをまちがえたことがわかり、大笑いをしてすんだ。気まずい結果をもたらさぬかぎり、この種のまちがいは笑いをさそうもので、マイナスばかりではない。

もっとも、あるひとが夜おそくよっぱらってかえってきて、おなじ階段のべつの家にはいり(錠はしてなかった?)、しいてあったふとんにもぐりこんでねてしまったという話をきいたことがある。家人が朝おきると見しらぬひとがとなりにねているので大さわぎになり、ただあやまったぐらいではすまなかったそうだ。こうなると当事者たちはわらい話ではすまなくなるが、こういうひとには、このごろはやりの、玄関まわりの個別性の表現などをほどこしてみてもおなじことだろう。いや「自分の巣」の感覚はそんな玄関まわりの形や色などとはほとんど関係がない。色そのものよりも、その色のはげぐあい、扉や壁のうっかりつけた小さな傷、どの家にもかならずある独特の匂いなどの日常生活の痕跡が巣のしるしをつくるのである。それはともかく当事者には失礼ながら、こういう話はいかにも人間が住んでいるという感じで、私はすきである。

武蔵野の公団住宅は当時の住宅事情から考えても、当時の実感としても、めぐまれた住生活だったとおもうが、いまでもつよく印象としてのこっているのは、夏の通勤電車の不快な記憶である。私がのる中央線の三鷹駅からは始発電車もあったが、たいていはたったままで、それも中野あたりまでくると満員になる。汗だらけの素肌の腕が他人の腕におしつけられる不快さといったらない。いつまでこれがつづくのかとおもうとほとんど絶望的な気持ちになった。いまのこみぐあいはしらないが、冷房電車がはしるようになるなど想像もできなかった。しかし冷房の電車というのもすらりと納得できない。やはり車内がゆったりとしていて、夏は窓から風がはいってくるのがいい。

もうひとつ、東京ぐらしの印象でのこっているのは、東京では外まわりの仕事は一日にひとつしかできないということである。市役所に住民票をもらいにいく、体のぐあいがわるくて病院にいくといったことを、ひとつすると一日がおわる。実際にはもっとできるのだろうが、くたびれてもう十分という気になる。つまり生活圏がおおきいのである。これは最近事情がかわった。私が住んでいたころにくらべると、いつのまにか地下鉄の路線がふえた。私は都内の移動にはもっぱら地下鉄をつかうことにしているが、どこかにいくのに時間がかかるぞとおもって余裕をみてでかけると、たいていはやくつきすぎてしまってとまどうのである。それでも東京にいく機会がすくないせいか、一日に仕事はひとつという印象はかわらない。

私のアパートのイメージは武蔵野の公団2DK住宅でつくられた。私は公団の職員でもあったし、公団住宅というものが、日本のアパートのなかで、すくなくとも当時は上級に属するアパートだということをしっていた。それだけにアパートが仮ずまいだというイメージも形づくられた。いまでも多くの日本人にとって、アパート＝仮ずまいのイメージは支配的だとおもうが、それは公団の責任ではないにしろ、公団住宅、公営住宅などの公共住宅がつくりだしたイメージだろう。

東京に住んだのは六年でそうながくはないが、東京ではアパート暮らしばかりしていたことに、これをかきながら気がついた。むろん私はアパート暮らしにいささかも不満をもっていない。現にいま京都でアパート暮らしを享受している。ただ私には、アパートと満員の通勤電車と東京は大きいという印象が東京の住環境のイメージとして定着している。

三〇年たって

この団地には友だちもたくさん住んでいたし、はじめて所帯をもったところなので、いまでもなつかしい気がしているが、三年後に奈良にこしてから三〇年間、一度もたずねたことがなかった。一九九五年建てかえの話がもちあがっているというので いってみた。

三鷹で中央線の電車をおりると、まず駅前の様子がまったくかわっている。正確には三二年ぶりである。以前の様子をはっきりおぼえているわけではないが、もっとひろびろとして、建物もまばらだ

図4　32年ぶりの武蔵野緑町団地

ったような記憶がある。それが最近の都心にちかい郊外住宅地の駅前の例にもれず、小さな広場を三、四階のビルの町並みがかこみ、バスが発着している。団地までの道路も、私は駅までバスにのったりあるいたりしていたが、記憶では道路ぞいは木造の住宅がまばらにならんでいた。いまではまったくの市街地の道路だ。五日市街道にはいるあたりの様子はかすかに記憶とかさなる。団地前の商店街のたたずまいは記憶はかなりはっきりしているが、これもまったくかわっている。団地そのものがすっかりまわりの町にのみこまれている。全体のプランをしめす案内の立看板につきあたってはじめてここからが団地で、むかし毎日出いりした団地の入り口だということがわかった。

なかにはいるとすこしずつ記憶がよみがえってくるが、どうもうまくむかしの様子とかさならないのは、木が大きくそだっているせいらしい。私が住んでいたころには、樹径二〇センチメートルほどのけやきが数本あったが、ほかは苗木に毛のはえたくらいの小さな木があるばかりだった。そのなかに五階だてのアパートがならんでそびえていた。いまでは三、四〇メートルぐらいの木がおいしげって、アパートはそのかげにおおいかくされている。道路などは、そうとうひろい道路がけやきのトンネルになっている。三〇年といえば、たいていの木が成木になる期間だからあたりまえなのだが、その両端の様子をいきなりつなげるのはむずかしい。

建物はもとのままでさすがにふるびている。一部アルミサッシにかえている家もある。おそらくそのせいで気密になったためか、南側にステンレス製の四角な集合煙突のようなものがとりつけられて、ある家ではストーブの煙突らしいものがそれに接続していた。けれども建物をみての最初の印象は、

図5　建てかえの進む緑町団地（出典：「武蔵野緑町パークタウン・パンフレット」住都公団東京支社）

よくまあこんなせまい家に住んでいたものだという感慨である。階段も記憶よりずっとせまくおもえた。これは子供のときの環境を大人になってからたずねてもつ印象とおなじである。この場合はやはりその後すこしづつ大きな家にすんでそれになれたからにちがいない。

表札のかかっている家はおなじ階段一〇戸のうち四戸しかない。建て替えのためにちかくとりこわされるので、越してしまったらしい。階段をあがって表札のあるうちを一軒ブザーをおしてみたが、答えはなかった。

車がふえているのも、当然な

がら変化のひとつだ。昔は車のあるうちはほとんどなかったようにおもう。わが家はテレビさえなくて、友だちの家に毎週「ローハイド」を見にいった。今では道路にそってところどころ緑地がけずられて駐車の表示がしてある。あたり前の風景だが、昔はなかった。それでも空地がほとんど駐車場でうずめられている最近の団地にくらべると、ずっとすくない。築後四十数年の2DKの団地居住者の生活水準を示しているのだろうか。

すでに一部で建てかえの工事がはじまっていて、あたらしい棟がすがたをみせている。どういう建てかえ計画かはしらない。住宅の規模が大きくなるのは当然として、建てかえ費用を生みだすために戸数をふやし、そのために階数が多少ふえるのもやむをえないだろう。ただ木はのこすべきだ。建物配置のつくりだす空間デザインの効果など、どうがんばってみたって、これほどゆたかな緑のつくる効果にはおよばない。それにそこに四〇年の時間の持続があったことを示すしるしは木だけである。木はまたそだつなどと簡単に考えるべきではない。

三　奈良の官舎

一九六三年、私は仕事をかえて奈良の大学につとめることになった。ここでは大学の公務員住宅に住んだ。大学のすぐちかくに、大きさは違うが木造平屋の公務員住宅ばかり九軒ならんでいるうちの一軒である。図6のようなプランの住宅で広さは四七平方メートル、それに三平方メートルほどの物置がついていた。ほんの小さな庭もあった。家賃は公務員住宅なので特別にやすく、一六〇〇円だったようにおもう。トイレはくみとり、ふろは外でたくガス釜で、そのときはべつにどうともおもわなかったが、後に札幌にすんだとき、あらためて札幌とのちがいに気がついた。

住宅をみつけるのがまだ一仕事の時代で、こういうやすい住宅が、新米の教師を家をあけてまっていてくれたわけではない。先輩のO先生の奥さんが、たまたま官舎がひとつあいているという情報を耳にして、O先生が早速大学にかけあってくれたもので、幸運というほかなかった。

最初は夫婦ふたりだったが、すぐに長男がうまれ、ついで次男がうまれた。この家族構成では、へやのつかい方は自然にきまる。台所のつづきの六畳が食事室で、もうひとつの六畳が四人の寝室にな

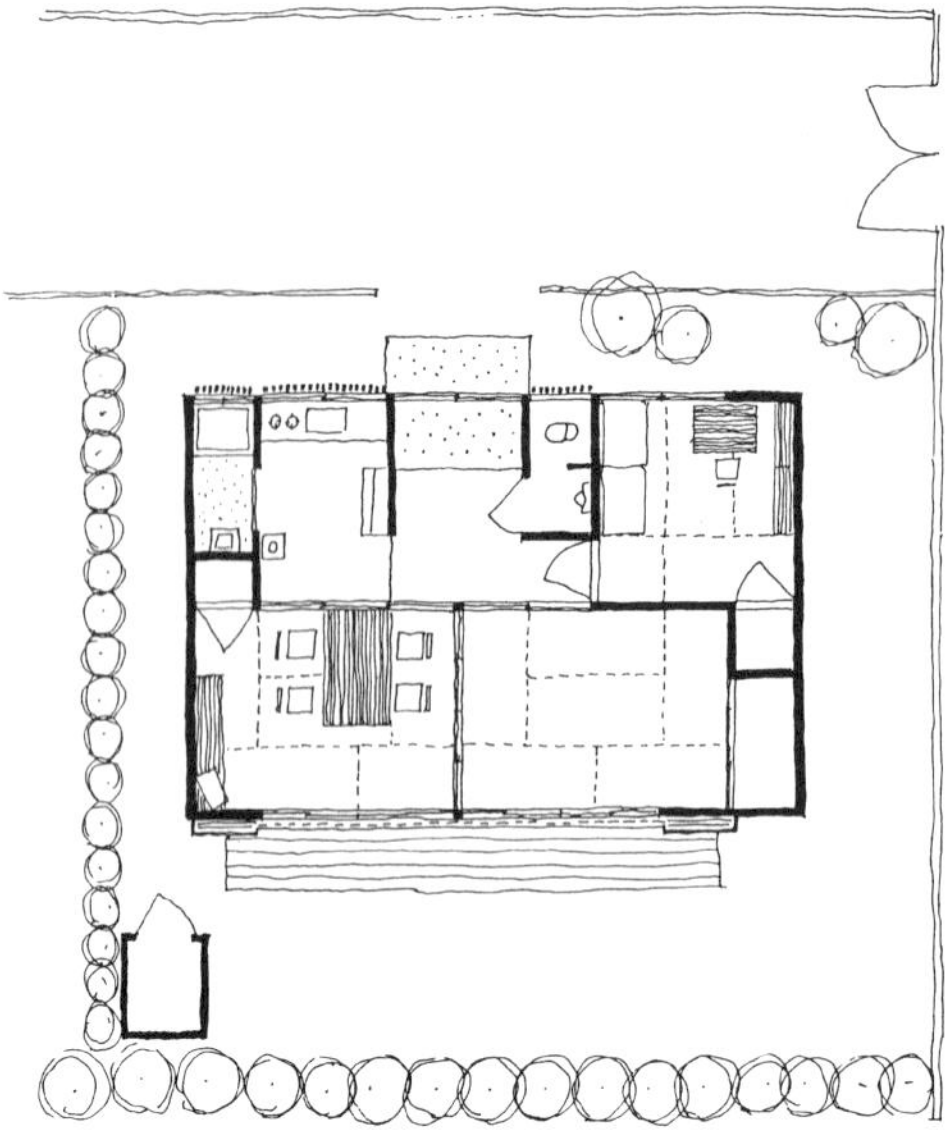

図6　奈良の官舎

る。北の四畳半は私の書斎。食事ははじめホームごたつを年中食卓につかっていたが、四、五年していす・テーブルにかえた。このテーブルは九〇センチ×一五〇センチの大きなもので、これを六畳におくと、へやの大方をテーブルが占領してしまった。壁ぎわに小さな本棚とテレビ。テレビはここに住むようになってはじめてかった。かったすぐあとに東京オリンピックをこれでみたから、かったのは一九六四年のはじめごろだろう。白黒のテレビだった。

ねるのはもちろんふとんである。ただ子供は、長男のときには大学の同僚にベビーベッドをかしてもらった。次男のときはそれがなく、畳のうえに直接ねかせた。六畳のへやに小さなふとんをしいてねかせると、私は赤ん坊をふみつぶす恐怖におそわれた。それで柳の行李のふたにふとんをいれて寝かせた。すると赤ん坊がしきりに泣くのである。病気かと心配したが、しばらくきてもらっていたお手伝いのおばさんが「暑いからですよ」といった。行李からだすとはたしてすぐに泣きやんだ。六月生まれだから夏のことだ。

「赤ん坊をふみつぶす恐怖」というのは、私がとくべつに神経質だったからではなく、小さなへやに赤ん坊をねかすしかない新婚家庭では、多かれ少なかれ感じるのではないだろうか。こんなことはすぐなれるし、私は家やへやの小さいのが気になったことはないが、これはそれが気になった最初のことだった。

六畳に赤ん坊と幼稚園のこどもをふくむ四人家族がねるのは、そうむずかしいことではない。ふとんをしくと、へや全体がふとんでいっぱいになって文字どおり足の踏場もなくなるが、空間としてはそうむりはない。むしろ私は赤ん坊のなき声に閉口して、一時北側の書斎に、もちあわせていた分離してソファにもなるベッドをもちこんで、そこでひとりでねていたことがある。この住み方は、小さな赤ん坊のいるわかい夫婦の場合、一時的によくみられる住み方だということだ。

ここではじめて子育てを経験した。子育てというのは自分の赤ん坊の時代をもういちど生きなおすことだという、おもいがけない幸福に気がついた。あやし言葉、肩ぐるま、仰向けにねころんで両足のうえに子供をのせる遊ばせ方など、自分が赤ん坊のときしてもらっていて、三〇年間すっかりわすれていたのが、たちまちおもいだされるのである。ふろで赤ん坊の顔をふいてやるといやがるが、それが自分自身の感触としてよみがえってくる。こういうことはそれぞれの家庭のひとつの文化として

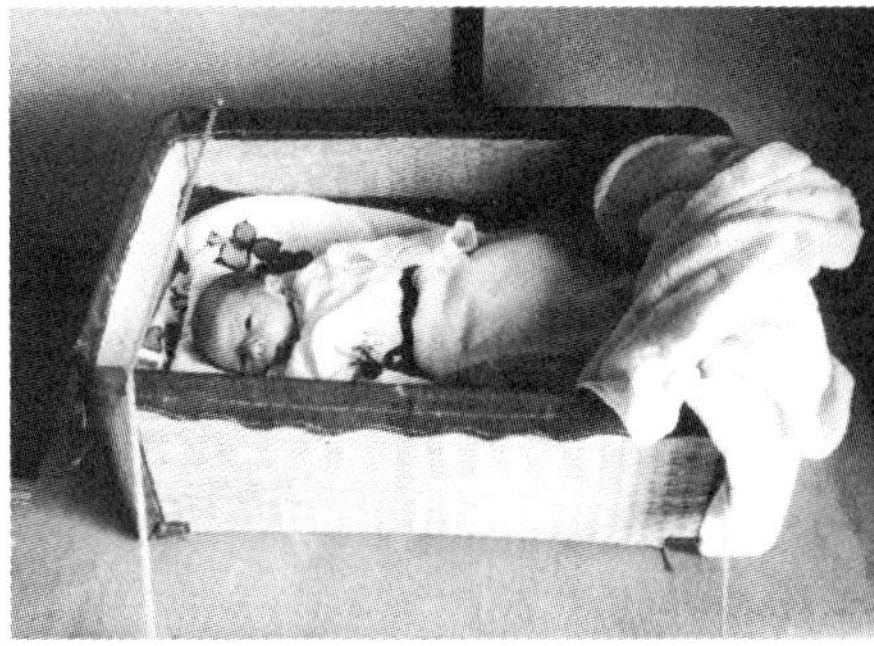

図７　柳行李の赤ん坊

何代かはつづいていくのだろう。たぶん子供たちもおなじやり方を自分の子供にやるだろうとおもう。けれどももちろん今は三〇年前とおなじではない。ことに私の子供のころとの大きなちがいは遊びの環境である。

私は一、二歳のころの記憶はまったくない。たぶん三、四歳のころの記憶が断片的にかすかにある。そのころでもものの心がついてからでも、自分の子供との大きなちがいは、生活空間の大きさのちがいだったようにおもう。それは要するに田舎と都市とのちがいなのかもしれない。

私が子供のとき住んでいた家は、後にのべるように一種の仮住いで、広さもそうひろくなかったが、家のなかをはしりまわっていた記憶がある。一四坪の3Kではしりまわりようがない。子供はよく食事のテーブルの下で遊んでいた。けれどもいちばんのちがいは外の広さである。私は田舎だったから「外」は無限にあった。道路、裏の山、そこでの戦争ごっこ。家の前の小さな川、たんぼのなかの無数の溝。そこでの魚とり。小さな橋の両側をせきとめて、掻い掘りするとなまずや鮒がたくさんとれた。それに海。松林の砂山と真っ白な砂浜。小学校も高学年になると海のあそびもすこし高度になって、ただおよぐのではなく、水にもぐってさざえをとったり、岩や藻の間の魚をやすで突く。そういう記憶があって、私は今でもプールというのにいく気がしない。運動不足で、あれは体にいいとひとにもいわれ、自分でもわかっているのにである。

奈良の家では文字通り猫の額ほどの庭で、夏には子供に直径一メートルほどの赤いビニールのプール(?)で水あそびをさせた。いかにも情けない気がしたがやむをえない。それでも奈良はまだ自然にめぐまれていた。すぐ隣が大学のキャンパスだったし、子供でもいけるあたりに奈良公園やそれにつながる丘陵があった。子供は友だちとよくあそびにでたが、それでも私の子供のときのように、暗くなって晩めしのころになってかえってくるというようなことはなかった。子供が自分で相手に電話で知らせてからあそびにいくのも、私にはおどろきだった。都市と田舎のちがいもあったかもしれないが、やはり世の中全体で子供の管理が昔よりきびしくなっていたのだろう。当然のことながら、三〇年もたつと世代のサイクルはおなじに動いてはいない。

ファミコンなどというものは私の子供のころはもちろんなかったし、子供の小さいときにもなかったのはさいわいだった。もしあったら私も子供ものめりこんでいたとおもう。むかしもいまもさかんなのは野球ぐらいだろうか。これもこのごろはサッカーにおされているようだが。

遊びの環境といえば、遊びの種類もちがっていた。私の子供のときには右にあげた遊びのほかに、竹馬などがあった。それも大勢で村の道をつかって、竹馬にのって鬼ごっこをするのである。これはいまではいくら田舎でも車があぶなくて、とてもむりだ。こういう「空間」をつかってあそぶ遊びは、都市ではもともと公園なんかにとじこめられていただろうが、田舎でも姿をけしてしまったとおもう。

めんこや釘ネッキ（とたしかいった。一〇センチほどの大釘を地面になげつけて土につきさし、それを別の子がおなじようにして相手の釘をたおす）などというのもあった。たぶん全国で子供たちがやっていた遊びのはずだ。学校はこれを禁止していた。どれもいまではまったく見かけない遊びである。こんな単純な遊びがどこがおもしろかったのかとおもうが、やはりおもしろかったのである。少人数の仲間で建物のかげのあまりめだたないところでやる。それのつよい子は勉強のできにかかわらず一目おかれた。これはやはりひとりであそぶということが考えられなかったからだろう。

いまではたぶん田舎でもなくなったあそびにトンボつりがある。夏の夕方になるとたんぼにかこまれた小学校の運動場の空に無数のぎんやんま(メキといっていた)がとびかう。五〇センチほどの長さの絹糸の両端に直径五センチほどの小石の粒をくくりつけ、赤や青のハトロン紙でつつみ、糸をふたつにおってまん中に指をかけ、遠心力で空にほうりあげる。トンボがそれを餌とまちがえてちかづき、糸にからんでおちてくる。こんなことにも上手下手があって、私は上手だった子をそのことだけでいまでもおぼえている。私は手先はそう不器用ではないとおもっているが、どういうものかさっぱりだめだった。小学校の校庭はもちろんいつでも出入り自由だった。いまではたんぼはあってもトンボがいない。

官舎には学長も住んでおり、ほかに年配の教授、私とほぼ同年輩の助教授、付属高校の先生、事務のひとなど九家族の官舎群だった。ふつう社宅では会社での地位が家庭生活にまでひびいてくるといわれる。上役の引っ越しや大掃除には平職員がいやでも手伝うといったことだ。ここの官舎ではそういうことはまったくなかった。事務のひとのひとりは庶務課長で、とくに役目ということではないにしろ官舎全体の維持管理のようなことを、おのずからひきうけていたようだが、とくにそのひとをわずらわすということはなかった。私はいちばん若い新米の助教授だったが、年長者への礼儀はべつとして、よくいわれるような一種の従属関係がないのは気持ちがよかった。それはのちに札幌で住んだ

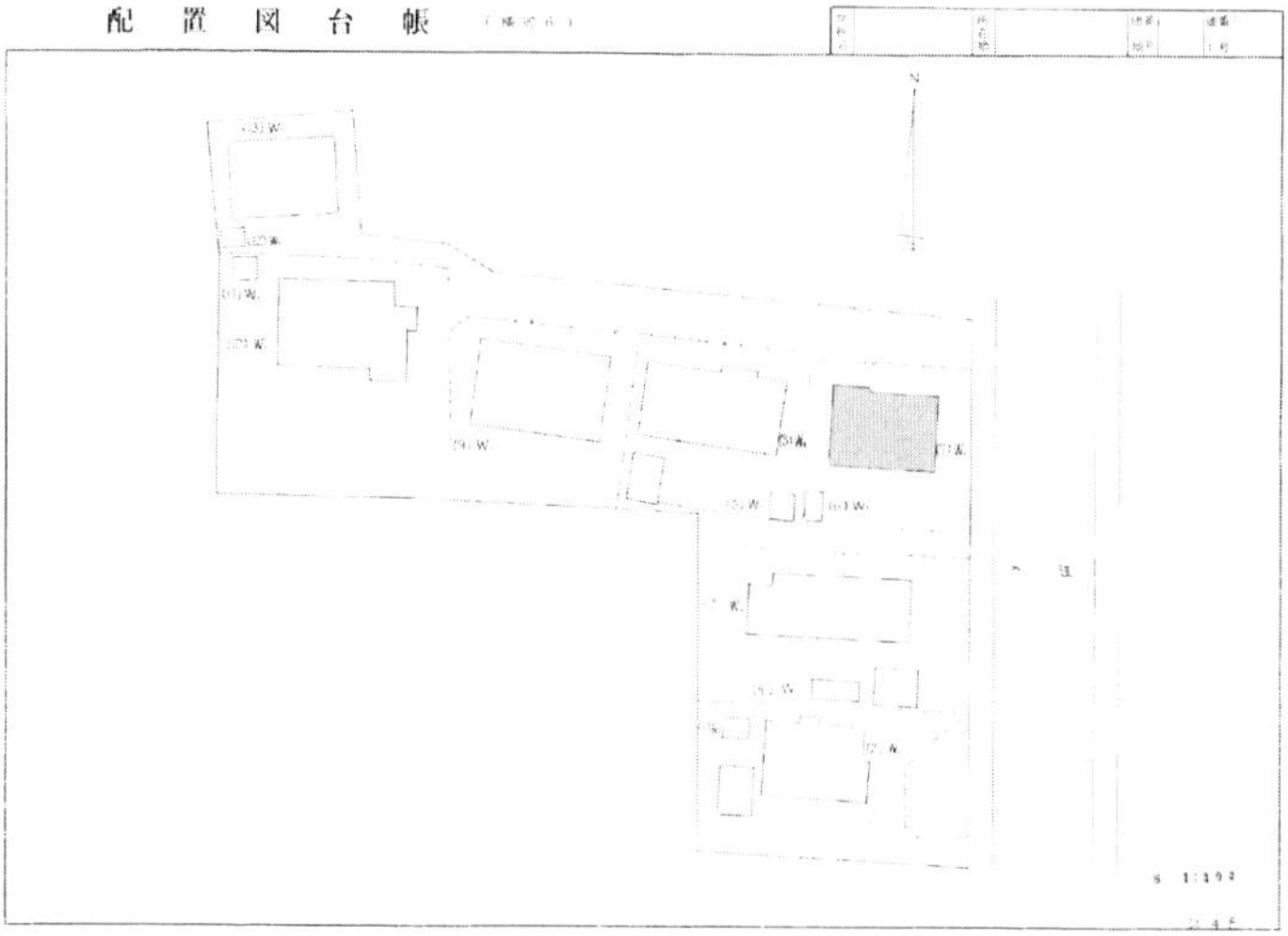

図8　奈良の官舎（奈良女子大学・北魚屋団地）（出典：奈良女子大学施設課）

官舎団地でも同様だった。一般に大学の官舎ではそういうことはないだろうとおもう。もちろんふだんのつきあいはあったが、上下関係にもとづく半強制的なつきあいは経験したことがない。それは住んでいるひとの人柄にもよるのだろうが、本質的に大学の教師というものが組織でうごく人間でないからにちがいない。

この官舎は私が所帯をもって住んだ最初の一軒家だった。小さな安普請の住宅だったが身分相応とおもってべつに不満はなかった。昔ながらの「町家型」ではなく、小さいながらも庭のある「屋敷型」で、台所のほかは畳じきだったが、寝るところと食べるところは一応分離できる「食寝分離」の当世風の間取りになっていた。小さくて畳はすりきれ、窓は隙間だらけだったが、この住宅は私には、実際に体験した近代都市住宅の原型というイメージになっている。隙間といえば、こ

図 9　1979（昭和 54）年当時の奈良女子大学全景（出典：図 8 に同じ）

の家は、敷居から鴨居までの大きな窓の下の部分の板に一センチほどの隙間ができていて、たたみに腹ばいになると、窓をしめても外の景色がみえた。冬にはセロテープをはって隙間風をふせいだ。

その後も都市のせまい家に住みつづけて、とくにそのために不満もストレスも感じたことはない。むしろ私にはこの奈良の官舎が、これから実際に住むことになるであろう住宅の原イメージになっていたような気がする。将来家をもったとしてもこういうタイプのこの程度かもうすこしま

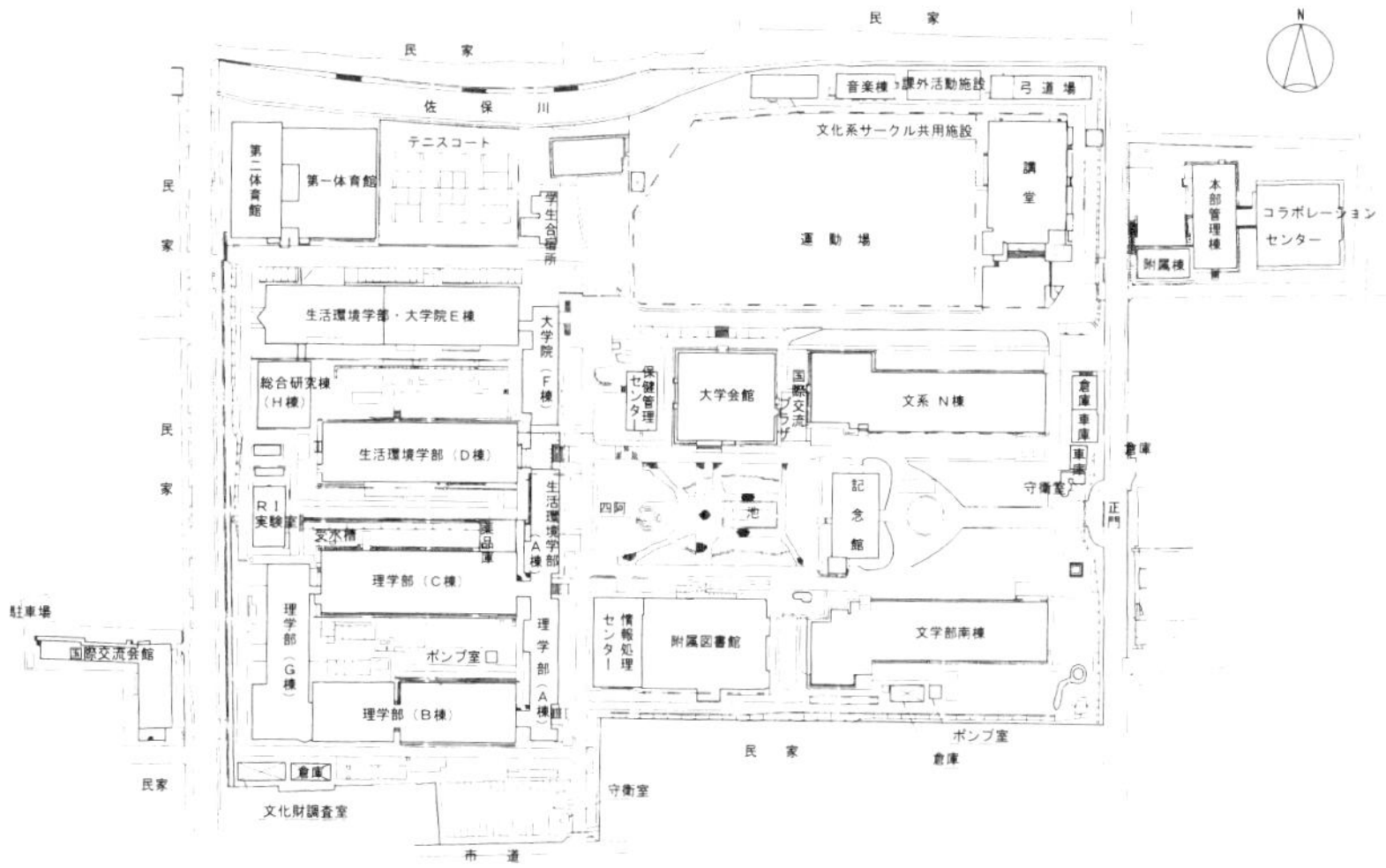

図10　現在の奈良女子大学(出典：図8に同じ)

しな程度の家だろうという諦観もくわわったイメージである。そして実際にそのとおりになった。そこに私は私の、あるいは僭越ながら日本人の、住居観念のまずしさをみるのである。

大きな邸宅もよくみたことはあるが、上等下等をとわず、原理的に隙間をさけられないレールの上をはしるひき違い戸、うすい外壁、内部をしきる軽いまじきりなど、住宅をつくる材料、構造、空間構成原理はおなじなのである。私は住宅というものはこういうもので、ちがいは材料の良否、仕上げのていねいさ、規模のちがいにすぎないとおもっていた。けれどもこれは関西の、あるいはモンスーン性湿潤気候の地域に特有の住宅で、今ではさまざまに改善する余地の大きいことが、後に北海道に住むようになってわかった。

この官舎はいまでは姿を消した。この小官舎団地全体が一九八六年にこわされて、大学の留学生会館になっている。

あたりまえのことだが、奈良は一日にひとつの仕事というようなことはなかった。昼すぎにでかけて市役所、県庁とまわり、県立の図書館によって本をみることもできた。家そのものが大学と接している。家から大学の私のへやまではあるいて六、七分。大学の建物が改築になってからは、家から四階にある私のへやの窓がみえた。妻はへやのあかりがきえると晩飯のしたくをはじめるのだといっていた。ただこういう「職住密着」もよしあしで、たとえば目と鼻のさきの学校にいくのに、なぜ服装をきちんとしなければならぬのかはっきりしなくなる。私はもともと服装はだらしないほうだし、それはまあどうでもいいが、公私の気分のきりかえがすっきりといかないのである。東京での中央線のすしずめの電車からは解放されて、これはありがたかったが、ちかすぎるのもいいことばかりではない。あるいて一五、六分ぐらいがちょうどいいという気がしていた。が実際にそうなったらまた不平の種をみつけていたかもしれない。

そのかわり学会関係の集まりには大阪まででかけなくてはならなかった。会合はたいてい大阪の靫公園にある建築学会の近畿支部でおこなわれた。奈良から大阪まで電車で三〇分、地下鉄が一〇分、のりかえその他をいれて一時間ぐらい。これが月に二回ほどあったが、ラッシュの時間帯ではないし、会合はおおむねおもしろかったし、しんどいとおもったことない。

パリにいたとき、わすれものをして下宿にとりにかえったことがあったが、人口三〇〇万ちかい都市でとにかくとりにかえる気になったことに自分でおどろいた。東京ではとても考えられないことだった。奈良は人口三〇万の小都市だが、仕事から私生活までほぼ全体が小さな日常生活圏のなかにおさまる住生活の快適さを、私はここで経験した。

四　暑さと寒さ

一年は二季

北海道の気候は北海道を旅行したひとなら知っているはずだ。ただ四季の変化といったことは、すくなくとも一年住んでみないとわからない。

四季というが、関西からきた私の感じでは一年が二季あるいは三季という気がした。極端にいうと夏と冬しかない。夏の快適さは無類である。年にもよるがあついなと感じるのは七月の最後の一週間ぐらいで、五月末から九月のはじめごろまでは、天気がよければさわやかでこの上なく快適だ。もちろん梅雨の不快なむしあつさはない。桜を目安にすると、季節は京都あたりよりひと月ないしひと月半おそい。関西あたりだと二月に梅、三月に桃、四月の一〇日前後に桜が満開になり、五月にはいるとつつじが咲く。春はそのあたりでおわり、六月には梅雨がはじまる。北海道では五月のはじめか中ごろに桜が咲くが、ほとんど同時に梅、桃、つつじ、れんぎょう、こぶし、木蓮、すこしおくれてライラック、それに芝桜その他の草花など、あらゆる花が一気に咲く。ながい冬のあとだけに、いかに

図11　北大構内のジンギスカン・パーティー風景

も一陽来復という気がする。それはそのまま夏につながっていく。そのあいだには梅雨のような区切りがない。

庭の芝生で夕方ジンギスカンをやるのは、北海道の夏の風物詩だ。大学の庭でも、五時ちかくになると、こんろ、肉、野菜、ビールをもちだして準備をするグループが、天気がよければ毎日なん組かあらわれる。夏は七時すぎまであかるい。談笑する声が澄んだ夕方の空気のなかにひびく。学生にはこれは学生生活のいちばんつよい印象のひとつにちがいない。もちろん家庭でもやる。脂の蒸気がひどいので庭でしかしない。

関西でも東京でも、これはあまり見かけたことがない。やっているうちもあるかもしれないがそう多くないだろう。やはり気候のちがいだろうとおもう。本州では、夕方外が快適な季節は五月、一〇月だが、この季節でも火をかこむのはあつい。夏はなおさらだ。これをやるにはなんといってもさわやかな空気が必要だ。それに本州の夏は蚊が多くて難儀をする。私はいちど夏の夕方に奈良公園の草の上で会食をしたこ

図12　雪におおわれた風景

とがあるが、円陣のそのまわりに蚊取り線香をならべてしのいだものだ。

さて八月にはいると、日によっては寒い日がある。一〇月といえば関西では五月とともにいちばん気持ちのいい季節だが、北海道では一〇月のおわりには山がみごとに紅葉し、初雪がふることもある。三時ごろにはもうくらくなり、まっすぐ冬にむかって季節が進む。一〇月、一一月は秋でもなく冬でもない中途半端でいやな季節だ。風はつめたく、風景は木の葉がおちてもまだ雪はなく、荒涼とした感じになる。

一二月、一月になって雪におおわれると、風景が安定し、地上のよごれも覆いかくされて気分もおちついてくる。「冬はやすらぎの季節だ」というランボーの言葉がなんとなくわかる感じがする。暖房のきいた室内で外の吹雪をみているとかえって気分がやわらぐのである。よく晴れて風のない日は、気温はひくいけれども、真っ白な雪におおわれた町を見おろしながら丘陵の坂をおりていく気分もわるくない。

三月にはいると雪が車粉などでよごれてくるし、日によってはとけだして泥水になる。四月とともに、冬の前の一〇、一一月ごろとおなじような、うれしくない気分の季節である。春の前ぶれにはちがいないが、そういうときめきを感じることはすくない。そしてある日一気に春あるいは夏の前ぶれの季節になる。冬から夏へ、夏から冬への移り変わりの季節はあるが、それはそれ自身まちのぞまれるような季節ではない。そのうつりかわりの時期をまとめてひとつの季節とみると、一年は三季になる。

暑さ寒さ、ある季節の気候のおだやかさのちがいなど、一長一短だが、一年をとおしてみると、北海道は(すくなくとも札幌は)東京や京都よりも、気候はすごしやすいようにおもう。私の場合は夏ばてがないのが、冬にまで体調をささえてくれた。私はうまれつき胃腸が弱く、スタミナもないので、関西では夏の食欲減退、不眠になやまされ、秋口にはいつもそうとうにばてていた。そのせいか、冬にはよくかぜをひいた。これには暖房の不備が重なっていたことはたしかである。札幌では夏ばてはたえてなく、そのせいもあってか冬もあまりかぜをひかなくなった。それに台風がほとんどこない。

札幌はフランスの地中海沿岸(たとえばマルセーユ)と緯度がほとんどおなじだが、冬はそれよりはるかに寒くて陰鬱なパリとくらべても、まだすこし寒いという感じだ。ただ札幌は日本海に近いから雪が多く風がつよいが、太平洋にも開いているせいか、パリとちがって冬でも晴れの日が多い。

山の姿もちがう。常緑樹がすくないから、冬のあいだは山は雪と枯れ木におおわれているが、五月になると木々がいっせいに芽吹いてくる。「ふたたび森がにおいはじめる」というリルケの詩さなが

図 13　札幌の開拓時代（出典：北海道大学附属図書館編『明治大正期の北海道』北海道大学図書刊行会，1992 年）

らに、山はほとんど動いて呼吸しはじめる。けれども北海道の山はヨーロッパの山とは植生は似ていても、やはり雰囲気がちがうようだ。

札幌の郊外の森とたとえばパリ郊外のサンジェルマンあたりの森が、植生が似ているのに雰囲気がちがうのは、ひとのにおいの有無にあるようにおもう。札幌の開拓時代の古い写真をみると、原始林がきりひらかれて家が建てられ、そのすぐむこうはもとのまま原始林がつづいている風景がある。一二〇年前の風景だ。この人工と野性の自然のとなりあう風景は、今でも北海道の都市と自然の基本的な構図である。今では北海道の自然も野性をうしなってしまったが、それでもパリの郊外にくらべるとはるかに野性的である。パリの郊外の森は、むしろ京都をとりまく森と共通するものがある。植生はまったくちがうが、雰囲気にはある種似かよったところがある。ながいあいだに歌や小説に描かれ、画題になり、ひとにながめられふれられて多分に人間化しているのである。どちらがいいというのではない。しいていえば、都市化がこれほど進んだ現在では、都市にとなりあう自然は野性のほうが豪華な気がするが、ともかくそれは気候のちがいだけではなく、歴史のちがいというほかないものだ。

「あったかい」と「ぬくい」

私の田舎では「あったかい」といわずに「ぬくい」といった。子供のころ「あったかい」ということばは教科書のなかの「標準語」としてあるだけで、ふだんつかったことがなかった。私の田舎だけでなく「ぬくい」というのは関西一円でつかわれているらしい。私は北海道にきて初夏から夏のおわりにかけての「あたたかさ」を「ぬくい」ではいいあらわせない気がした。関西でも東京でもそんなことはなかった。

私にとって「ぬくい」というのは、京都あたりでちょうど桜のころ、あつくもなくさむくもなく、それでいて腹の底からぬくもるような夕暮れの雰囲気なのである。これは私にはただ「あったかい」ではあらわしきれない。そして北海道ではこの「ぬくさ」は、一年をとおしてないのである。夏はもちろんあったかいし、暑いこともある。けれどもだいたいいつもさわやかで、皮膚にまといつくようなあったかさ、つまり「ぬくさ」を感じることはない。私には「ぬくい」というのは「湿度の高いあったかさ」のことで、さわやかなあったかさではない。北海道のあったかさを「ぬくい」でいいあらわすことは私にはできない。

『広辞苑』をひいてみると、「ぬくい」は「あったかい」で説明してある。つまりおなじというわけだ。ついでに『岩波古語辞典』をひいてみると、やはり「あったかい」で説明してある。そして「あったかい」という見出し語はない。「ぬくい」のほうがふるい言葉なのだろう。

「ぬくめる」という言葉も辞書にあり、これは親鳥が雛をだいて保護する意味のようである。これなどはあきらかに親鳥が体から発散する、たっぷり水蒸気をふくんだ体温で雛をそだてている感じがある。この場合、「あっためる」ではやはり感じがでない。「ぬくぬくとしている」というのは、外界のきびしさをさけて、文字どおり「ぬるま湯」につかっているさまで、人間関係でいうと、仲間うちだけでうなづきあっているべたべたした関係をさすのがふつうだ。ここにもあきらかに「湿度の高い」感じがある。

「ぬくい」には頭のはたらきがにぶいという意味もあるようだ。これもわかる感じである。頭のなかに靄がかかってぼんやりしているという感じがよくでている。「あのひとはあたたかいひとだ」というと、もやのかかった愚鈍の感じはなく、もっぱら気持ちのやさしいいいひとにおもえるが、「あれはそうとうぬくいおひとだ」というとあきらかにばかにした感じになる。

「ぬくい」と「あったかい」はたぶん方言のちがいにすぎないのだろう。けれども同時にそれは方言がその土地の環境とわかちがたくむすびついたもので、厳密には翻訳(いい換え)不可能であることもあらわしている。住む場所がかわれば使う言葉もなにほどかかわるのは当然だが、感覚上つかえなくなる言葉がでてくるというのは意外な体験だった。言葉のことでいうと「おばんです」という夕暮れどきのあいさつにも、私は慣れることがなかった。べつにきらいなわけではない。あいさつ言葉としてはひびきもイメージも、「こんばんは」よりもいいとおもう。それがうまくでてこなかった。あいさつは一瞬の反応である。夕方家にかえってとなりのひとから不意に「おばんです」とやられると、おもわず「こんばんは」とこたえてしまうのである。

ただ北海道でも「あつい」ということはある。年によるが、七月の最後の一週間ほどは「むしあつい」日さえある。それでも一日中むしあついということはまずない。私は奈良にいるころ、夏はねぐるしさになやまされた。夜中の零時をすぎても室内の温度は三〇度をさがらず、ぬれ縁に扇風機をもちだして、網戸ごしに外の空気を家のなかにおくりこんで「冷房」法を講じたことがあるが、北海道ではこういうことはない。どんなにあつい日でも朝は一〇時ごろまではすずしいし、午後は三時ごろになると急にすずしくなる。夜は窓をあけていると寒いくらいである。

ところがそれでも北海道のひとたちが海水浴をしたがるのは、私にとって不思議のひとつだった。それほどあつい日でなくても、夏の日曜になると海岸にでかける。水温もひくいから、しばらく水につかっていると、たちまち寒くなる。みんな唇を紫色にして焚き火にあたっている。海水浴はあつさをしのぐ手段なのではなく、本州からたずさえてきた「伝統文化」としての年中行事なのだ。私は子供のころ、夏には毎日のように海にいったが、天気のいい日には海岸の砂はやけつくようにあつくて、素足ではあるけなかった。それほど砂がやけていない日にはいかなかった。私には海水浴はあくまであつさをのがれてあそぶための手段だった。だから北海道では二〇年のあいだに、海岸にいったことはあるが、海にはいったことはとうとういちどもなかった。

寒さ

だれでもそうだろうが、北海道といえば冬の寒さがまず気になった。私は暑さに弱いが寒さにも弱い。ことに寒いのは苦手で、家のなかでも、ちょっとでも寒さを感じるとなんにもする気がしなくなる。うごきまわって体をあたためてやろうという元気もでない。生来文字どおりエネルギーにとぼしいようだ。刑務所の囚人がいちばんこたえるのは、飢えでなくて寒さだということをなにかでよみ、そうだろうなと納得したことがある。けれども最初の冬には恐れよりも一種の期待をもった。北海道の冬ってどんなだろうなという興味である。

私が北海道にくるとき、さきにきていた友だちが、寒さなんてものはそういうものだとおもえばどうということはないといったことをまえにのべた。寒さというものはどうやらそういうものらしい。北海道ではむかしは、朝おきると家の中は零度以下になって、「雪」がふとんのまわりにふりつんでいたというような話をよくきいた。それでもひとびとはそれを自然なこととしてうけいれてきたらしい。もっとも北海道では、あのたよりない火鉢とちがってはやくからストーブという強力な暖房が普及し、これのおかげでもってきたという事情もあるようだ。ストーブのために、北海道独自の気候に見あった住宅の創造、普及がおくれたという説をなすひともいる。

私の子供のころをおもいだしてみても、冬寒かったという記憶がうかんでこない。今から考えれば寒くなかったはずはない。もちろん北海道にくらべたら、山陰の海岸は雪は多くても気温はずっと高かったはずだが、気温の比較をしているのではない。暖房は火鉢とこたつで、窓はすきまだらけのひきちがい窓で、それも毎朝掃除のときはあけていたような気がする。それがふつうだとおもっていたのにちがいない。

北海道で家のなかにいて寒さを感じたことはほとんどない。ただ、さすがに北海道だとおもったことがいくつかある。

家から一〇〇メートルほどのところに銭湯があり、子供たちはこれがすきでよくいった。気温がマイナス一〇度ほどにさがった冬の夜、子供が風呂からかえってきたのをみておどろいた。髪の毛が凍ってピンと直立して、マントヒヒのような頭になっている。しめった髪が一〇〇メートルあるいているあいだに凍ってしまったのだ。タオルも凍って棒のようにかたくなってしまっている。本人は体がほてっているから寒さは感じていない。寒いという感覚よりも、こういう現象できびしい寒さを実感した。

また新聞記事だかひとからきいたかで、おちてきたつららが首につきささって死んだというひとの話をきいた。天井の断熱がちゃんとしていないと熱がにげて屋根の雪がとけ、盛大につららができる。そのころはたいていの家の軒に大きなつららがさがっていた。むかしはまずしいうちは暖房もまずしくてつららがすくなく、ゆたかなうちはよく暖房するからつららもよくできたが、今は逆で、ゆたかなうちは断熱をちゃんとするから、つららがすくないというのが、建築学科にはいってきた新入生に某先生が最初にする得意の話題だった。私がいったころは一メートルぐらいのつららのさがっている

図 14　軒先のつらら

図 15　つららのない現在の住宅

うちはざらだった。

それはともかく、あるひとが、つららがどれくらい大きくなるものかみてやろうと、毎日下からみているうちに、ある日そのつららがおちてきて、首につきささったというのである。

屋根からおちてきた雪の下じきになって死んだひとの話もきいた。これは私の子供のときも冬の注意事項だったから知っていた。けれども北海道の雪はかるいから、雪の下になるだけなら、たぶんかんたんには死なない。じっさいには氷がおちてくるのである。屋根の断熱はちゃんとしていても日照でとけた水が屋根面で凍るのである。これが二階の屋根からおちてきて頭にでもあたったら、こぶができるぐらいではすまない。

こういうことは寒さがきびしいという知識からだけでは、想像できない。ひとにきくか実際にあぶない経験をしなければわからない。その種の話をきくたびに、自分にいいきかせるとともに、子供になんべんも念をおし、そしてまだおもいもよらない危険があるのだろうなとおもったものだ。

ある日私は冬のアパート団地の調査で、車で団地の中をはしっていた。私は運転できないから助手席にいた。除雪してあるのはほとんど車の幅くらいだった。前を中年の女のひとがあるいていた。車はひとのあるくぐらいのスピードでゆっくりはしっている。車が女のひとのすぐ後ろまできたとき、そのひとがすべってころんだ。わたしはひやっとした。もちろん車はすぐとまって事故にはならなかったが、もっとちかくまでいっていたらあぶなかった。おたがいに注意はしているのである。それでも事故の可能性がある。いつすべってころぶかは、あるいている本人にもわからない。それ以後私は雪道で車と出あうときにはたちどまることにした。

さて寒さそのものは、さきにいったようにそれほどではなかった。これは学校づとめという仕事と関係がふかい。ほとんど家のなかで仕事をしているからだ。一日のうち、外にでなければならないのは、家から地下鉄の駅まで一〇分、駅から学校までの一〇分の二〇分、かえりもいれると四〇分になり、学校にいるあいだもときどき外にでるが、みなこまぎれだ。つづけて二〇分外にいるということはめったにない。二〇分ぐらいなら、へやの中であったたまった余熱でもってしまう。オフィスづとめのサラリーマンなどもおなじだろう。

これが道路工事や郵便配達のひとのように、長時間外にいるような仕事のひとはたいへんだろうとおもう。いちど真冬に町並みの調査をしたことがあった。寒い日で、五〇〇メートルぐらいの町並みをていねいにみてあるいたが、このときには寒くてまいった。体が芯までひえて、町並みなど犬にでもくわれてしまえという気分になった。おわりごろはそうとう調査がずさんになり、おわるとさっそく喫茶店にとびこんで、あついコーヒーをのんだ。

私が住んでいた札幌では、真冬の晴れた日の朝方はマイナス一五度ぐらいまで下がることがあったが、そういう日は昼間は零度ぐらいになる。昼間マイナス五度よりさがることはそんなになかった。それくらいだと、ダウンのコート、手袋、防寒靴といった装備をしておればたいしたことはない。ただ風がふくと寒い。実際に体に感じる「体感温度」は風速が一メートル大きくなると約一度さがるという。

いちどマイナス三〇度というのを経験したことがある。北海道の中央部からすこし北よりの名寄でだ。この地方は雪も多く気温もひくい。二月のなかごろ、友人の葬式にでかけた。さすがにこのときは、ホテルのロビーにいてもなんとなく寒い感じがした。一方マイナス三〇度というのはどんな気分のものかという興味もあった。おもいきって外にでたが、数字で予想していたほどのことはない。体があったたまっているからである。ただほおのあたりに一種のいたみを感じるのはよく話にきくとおりだ。しかしいたみの感覚というのは温度に比例するものではない。長時間のうちには凍傷なんかになるのだろうが、たぶんそのときでも、いたみのつよさはそうかわらないのではないか。ただ体全体がひえていくスピードははやい。喫茶店をさがしてあついコーヒーをのんだ。

この町では気温がマイナス三〇度だかよりさがると、小学校がやすみになる。だから二九度ぐらいになると、もうひと声という気持ちで、生徒たちはおちつかないそうだ。

底びえとは

「底びえ」ということばがある。「京の底びえ」などというあれだ。底びえというのは物理学的にいうとどういう寒さだろうか。ただ気温が低いというだけではないだろう。それなら京都より寒いところはいくらでもある。ただ「京の底びえ」という言葉そのものは歴史的なもので、古くには大阪、奈良などのちかくの都市との比較でいわれるようになったのだろう。が、いまでも「京の底びえ」はあるのではないか。「底びえ」というのは要

図 16　京都の町家の外観

図 17　町家の内部―ガラスの入った障子を通して庭を見る

図18　町家の内部―土間から続き間座敷を見る

するにいつも寒くて、体の芯までひえるという寒さなのではなかろうか。京都の冬は外の寒さもそうとうきびしいが、それよりもふるい町家などは日当たりがわるい上に、暖房もまずしく、家の中が寒い。家の中でも外でも四六時中寒いという生活が今でもすくなくないだろうとおもう。底びえはそれではないか。

「札幌の底びえ」というのはきいたことがない。外は寒いが、とにかく家のなかにはいれば寒いことはない。北海道で暖房がまずしくて断熱のわるい家にすんでいたら、「底びえ」どころではすまない。京都などは、『徒然草』ではないが、寒くてもどうにか我慢できるくらいの寒さだから、なんとかたえているのだろうとおもう。京都は日あたりのわるい町家の多い大都市で寒い家が多く、大阪なんかより気温はひくいから、底びえの代表のようにいわれたのだろう。だから底びえはなにも京都の専売ではなく、たぶんおなじような住文化をもつ仙台、金沢、松江などにもあるのではないか。

ついでにいうと、私は学生時代を京都で六年間すごしたが、「底びえ」というのがどういうものか、実感としてよくわからない。これは私があったかいへやでぬくぬくとくらしていたということではない。下宿は四回かわったが、どの家もふるくて隙間の多い、ごくふつうの家だった。暖房は小さな火鉢で、まず平均的な学生生活だった。冬はけっして快適ではなく、火鉢にかがみこんだり、足を火鉢の上にのせてその上にふとんをかぶせて即席のこたつにしたり(これはうっかりねてしまうとあぶない)、暖をとるためにさまざまの工夫をした。寒いことは寒かったが、これが「底びえ」だと感じた記憶はない。若かったうえに、冬はそういうものだとおもっていたのだろう。

雪

最初の冬はたしか一〇月のおわりに初雪があった。私は京都府の北の山陰のうまれなので、雪にはなれている。ただ私は一九のときに故郷をはなれているから、二〇年ばかり雪にうずもれるという経験はない。それでも雪は平気という気持ちがあった。それに山陰のおもいべた雪とちがって、北海道の雪はかわいてさらさらして、かるくてあつかいやすい。それでもさすがに子供のときのように、雪であそぶという気にはならなかった。

雪であそぶといえばスキーがある。札幌は一七〇万の都市だが、バスに三、四〇分ものればいくつもスキー場がある。私はスキーにもなれているつもりでいた。ところが学生にさそわれてゲレンデにいってみて、私にはとてもすべれないことがわかった。私のスキーの経験は、田舎のひと気のない斜面で、芸もなくただまっすぐにすべるだけだった。だからただすべるだけなら、そうとう急斜面でも平気である。しかしまがれないのはブレーキのきかない車のようなもので、ひとごみのゲレンデでは、あぶなくてすべれない。私のスキーは人口低密地域のスキーだったわけだ。途方にくれてとうとう下

図19　スキー――札幌近郊のスキー場

りのリフトにのっておりてきた。下りのリフトにのったというひとは札幌にもそうざらにはいないのではないか。これはかっこうがわるいというだけではない。ひどくこわい思いをする。どうこわいか。知りたいひとはいちど下りのリフトにのってごらんなさい。

その後なんとかまがる技術は身につけたが、高度な技術で華麗にたのしむところまではいかずにしまった。

大学の私のへやの前にちょっとした池がある。一月にはいると池は凍ってしまう。あるはれた日の昼の休みに、一〇人ばかりのひとがぞろぞろでてきて、池の上でスケートをやりだした。みると教室の助手、事務員、学生など、みんなふだん知っているひとたちだ。一瞬私にはかれらが異星人のようにみえた。ふだんつきあって、自分とおなじ人間とおもっているだけに、なおさらだった。これまで私が住んでいたところでは、よほど寒い日に池に薄氷がはるくらいで、スケートなどはアイス・アリーナといった特別の施設でやるものだったし、私はそんなところにはおよそ関心がなかった。私はスケートなどというものは自分にはまったく無縁だとおもっていた。それだけにこちらが本なかよんでいる目の前でふつうの服装ですべりだしたのには、つくづく別の世界にきたという気がした。むかしはじめてフランスにいったとき、フランス人に「dépaysement（異国にきた感じ）を感じるか」

ときかれて、ほとんど感じないとこたえたことがあったけれども、むしろこのスケートの風景にデペイズマンを感じたものだ。

子供たちはさすがにスキーもスケートもすぐ上手になった。スケートも私は子供たちの驥尾に付してちかくの屋内スケート場にいき、すこしすべれるようになったが、これも上達せずにおわった。

雪国にいてスキーにもスケートにも興味がないというのは、ほとんど致命的である。札幌でさえながい冬を屋内でたのしくすごすには、環境が十分とととのっていない。温度のことをいっているのではない。たとえばヨーロッパのように、冬を演劇や音楽などの屋内の楽しみのシーズンにあてるといった習慣もないし、そのための施設も十分ではない。かといって、したしい友だちがあつまっておしゃべりしてときをすごすサロンの習慣もない。そういう生活様式と施設をつくっていくことは、雪国の大きな課題だと私は考えているが、今のところスキー、スケートは一般に雪国の環境をたのしむ大事な要素だ。むしろこれによりかかりすぎているところに問題がある。

ともかく私は上達はしなかったけれど、五十代のはじめに病気をするまでは、年に二、三回はスキーにでかけて、それなりにたのしんだ。

除　雪

雪でいちばんまいったのは、やはり除雪である。市道はブルドーザーが除雪するが、最初私が住んだ官舎団地では、団地内の道路の除雪は住人にまかされていた。幅七〜八メートルの道路の半分を、自分の敷地にそうながさだけ責任をもつというのが暗黙のルールだった。私の家の負担は、敷地の道路ぞいのながさ約一五メートルに六メートル幅の半分、面積にしておよそ四五平方メートルで、雪はかるいのでたいしたことはない。ところが隣に成墾碑の空き地がある。これがなんとなくわが家の負担になって、負担が約二倍になった。雪の多い年には朝と午後と一日に二回やらなければならなかった。すこしのときにやると、プラスチックのシャベルで、ほとんど「掃くように」雪をよけることができるが、つもってくると、雪かきがかなりな力仕事になる。いつも運動不足気味の私などは、この労働は体にいいのにちがいないが、なかなかそうはよろこべない。

北海道の雪でありがたかったのは、屋根の雪おろしをしなくてもよいことだった。鉄板屋根だと三寸五分位の緩勾配でも、雪は自然におちる。ただそれには天井の断熱を十分にして、にげた熱のために屋根表面のゆきがとけて、それがふたたび凍ってかたまるといったことがないようにしなければならない。私が最初に住んだ家は断熱が十分でなかったので、屋根勾配もゆるかったが、軒先に「氷堤」ができて雪がすべらなくなった。そういうときにはつるはしで氷をわってとりのぞく。これにはちょっとしたこつが必要なので、なれない私は屋根の鉄板につるはしでちいさな孔をあけてしまった。軒先だったから家のなかの水もれはおこさなかった。

雪を屋根にためておく方式の「無落雪屋根」は、雪をおろすのは実際上むりだが、雪がかるく、風のつよい日が多いので雪はとばされて、たくさんつもることはめったにない。気をつけなければならないのは、春先に湿気をふくんだおもい雪が大量にふったときだ。このときはやっかいだが屋根の雪

図20　「無落雪屋根」住宅が建ち並ぶ家並み

をおろす必要がでてくる。

雪かきは朝はやくにやるので自然と隣近所のひとと期せずして共同作業をやることになる。私は近所づきあいのいいほうではないが、札幌で二軒の家に住んで、両方とも近所のひととしりあっていい関係をもっていたのは、この雪かき作業で自然に顔をあわせる機会が多かったことが大きな理由になっている。それと高塀がなく庭まで見とおせるので、これも顔をあわせる機会をふやした。

たいへん短絡的だが、私は除雪作業をやりながら、北海道で「あいさつことば」がすくないことについての生活様式上の仮説をたてた。

北海道では関西にくらべて、あるいは東京にくらべても「あいさつことば」がすくない。私が最初にそのことに気がついたのは、札幌にきてひと月ほどして、用事があって奈良にでかけたときだ。引っ越しで世話になった隣のうちにあいさつにいくと奥さんがでてみえた。そしてひととおり家族の消息、健康などについてやりとりがあり、奥さんは「お宅が北海道へいかれてから、毎日、〇〇ちゃんたちはどうしてはるかと、うちでうわさしていました」といった調子のあいさつをよどみなくつづけた。ごくふつうの奥さんで、あいさつもひとつの形式にそっていることはよくわかる。まさか毎日わが家のうわさをしているとは考えられないが、それでもきいていて、けっしてわるい気はしない。それをききながら私は「北海道ではこういうあいさつをきかんなあ」とあらためて気がついた。

その後その理由をおりにふれて考えたが、雪かきをしていておもいあたったことは、あいさつの言葉の豊富さは都市化の歴史に関係があるのではないかということである。都市化がすすむと、環境管理の作業は共同化されて、多くは行政がやるようになる。あとにのこるのは自分の生業のほかは、隣近所とのつきあい、つまり社交が大事になる。公家の社会などは社交が仕事のようなものだ。都市化はまた商業の発達でもある。商業もあいさつの大事な仕事だ。当然その語彙、形式はゆたかになるだろう。一方開拓のような仕事は自分がうごかなければなにもすすまない。そういうところではあいさつなどいくら上手にできても役にたたない。雪かきは近隣生活上の義務であるが、社交ではない。不言実行。それがまだ美徳として通用する条件がある……。

図21　雪かきの風景

あいさつ言葉が豊富かどうかは、こんな単純な理由では説明できないのだろうが、ひとつの理由ではあるだろう。またこんなことは社会学や民族学では常識かもしれないが、私は雪かき作業の実感でそれを感じたのである。

東京で何年かすごしたあと、北大でフランス語をおしえていたフランス人がいっていた。東京ではいっていることは必ずしもおもっていることではないが、北海道ではいっていることはおもっていることだと。もちろんどこにもいろんなひとがいるが、そういう印象は否めないようだ。東京とくらべてさえ、しかも外人にさえそれがわかったようだ。まして京都あたりとくらべたらずいぶんちがうだろう。

数年前に作家の北杜夫氏が小樽の寿司屋の主人の無礼なものいいと客あつかいに腹をたてて、そのことを新聞だか雑誌だかに書き、小樽市長があやまったことがあった。個人の言動のことで市長があやまったことでまた批判がでたりして、北海道ではちょっとした事件になった。これは私の想像では、文化の差によるところが大きいのではないかとおもった。北氏は東京の典型的な山の手そだちで、見しらぬ他人からいきなり「郵便局はどこかね」といったような言葉をかけられたら「失礼な」と腹をたてるほうではなかろうか。東京でも下町ではそうかもしれないが、北海道ではごくふつうだ。もちろんきちんとした敬語ではなすひとは多いが、そうでないひともすくなくない。その上商人の気風がちがうようだ。商売も言葉の大事な仕事である。たとえば大阪の商人だと、いそがしかったり機嫌がわるかったりしても、客にぞんざいな口をきくというようなことはまずないだろう。商売に徹している。北海道ではそういう商人根性をもったひとは、大阪なんかとくらべたらすくないようにおもう。小樽などは、北海道では商業都市としての歴史のながいほうだから、ほんものの商人も多いのだろうが、最近観光都市になって、にわか商人がふえてきているのかもしれない。いずれにしても北海道のひとなら、北氏ほど無礼の感じはうけなかったろう。

五　札幌の家

札幌にきて最初にすんだ家は、通称大学村とよばれる官舎団地のなかの一軒である。ここに住んだのは、私にはひとつの事件だった。これまでの住宅の観念がまったくくつがえされたからである。

この団地は北大のための官舎団地のようで、北大の先生や事務の職員が住んでいた。一〇ヘクタールほどの敷地に二〇〇戸ほどの住宅がならんでいる。まわりの私有地とのあいだに塀や目印があるわけでなく、完全にふつうの市街地の一部になっていた。現に私の家(図23の黒ぬりの家。図に描かれているのは公務員住宅のみ)の前の家は市民の自分の家で、あいだになんの境界もなかった。真ん中には公園があって、原始林のあとをしのばせるみごとな楡の木が何本かあった。戦後すぐのころにできた団地で、いまは都心ちかくといってもいいくらいの場所だが、できたころは札幌の北の町はずれで「シベリア村」とよばれ、まわりは農地で大学にかようのにバスもなく、電車通りまで一キロほどあるかなくてはならなかったそうだ。

札幌は一九七二年の冬期オリンピックを機会に近代化がすすみ、地下鉄ができて道路も格段によく

図 22　1976(昭和 51)年当時の「大学村」(出典：国土地理院)

図23　大学村の官舎団地

図24　大学村の官舎

なり、私がきた七四年にはすっかり面目をかえていたらしい。住宅も断熱材をつかった本格的な防寒住宅が、いろいろにこころみられはじめていた。それでもふるい昔の家もたくさんのこっていた。そういう家に住んでいた先輩の先生の家をたずね、また二十何年か前札幌にうつってきたころの、吹雪のなかの買物、水道や便所が凍ったときの経験などをきかされると、ほとんど神話時代の話をきく思いがした。私はそういう経験をせずにすんだ。

私が住んだころにはほとんどが一戸建てで、木造、ブロック造のほかにりっぱな風格のある赤レンガの家もあった。木造はごくわずかで、戦後すぐのふるい家がなにかの理由でのこったものらしく、ほとんど掘っ建て小屋にちかかった。集合住宅はなく、一部に平屋のコンクリート長屋があった。私が住んだのはセラミック・ブロックという外側が釉薬で仕上げられたブロックの平屋だった。九年前に建てられたもので、大学村のなかではあたらしいほうだという。これまで奈良で住んでいた安普請の木造官舎にくらべると、いかにもがっちりしてたのもしい。そのへんからすでにこれまでとちがう住宅だという気がするが、トタンばりの屋根はたよりない感じで、その対照がちぐはぐな気がした。その屋根が南面の長手が妻になるようにかかっているのがめずらしい。

大きさは一八坪。３ＬＫの間取りで、奈良の一四坪３Ｋの官舎にくらべるとすこしひろい。敷地は七〇坪ほどで、これも前の敷地よりひろい。南側には前住者がつくった掘っ建て小屋のガレージがあるのでせせこましいが、北側にはかなり大きな栗の木や白樺が植わっている。その北側は「成墾碑」という大きな石碑がたっていて、まわりは六〇坪くらいの空地になっている。開拓時代を象徴するこの種の記念碑は、都心周辺の市街地のほうぼうでみかける。最初の一、二年はわりにひまだったので、私は天気のいい日には、この碑の台座の石

図25　現在の成墾碑

を台にして、ソファやレコードケースなどの日曜大工の作品をつくった。家賃ははいった当時は月四四三〇円。これがだんだん高くなって、六年後にここをでるころには八三二〇円だった。

間取りは図26のようなもので、設計は北海道開発庁の建築課あたりでやったのではないかとおもうが、この時期の公務員住宅の典型的なプランといってよかろう。玄関に便所をおくなどはことにそうである。間取りだけみると奈良の住宅とそうかわらないが、あとでのべるように、北海道ならではの仕掛けがいろいろしてある。でも実際に住んでみて、それまでに住んだ住宅、生まれた田舎の家や京都の下宿、奈良の官舎とはひどくちがうように感じた。その感じを正確にいうのはむずかしいが、いかにも建物のなかにはいったという感じである。これはあとになっておぼえた言葉だが、「閉鎖的」でかこまれた感じなのである。しいていえば公団のアパートに住んでいたときの感じにちかい。それ

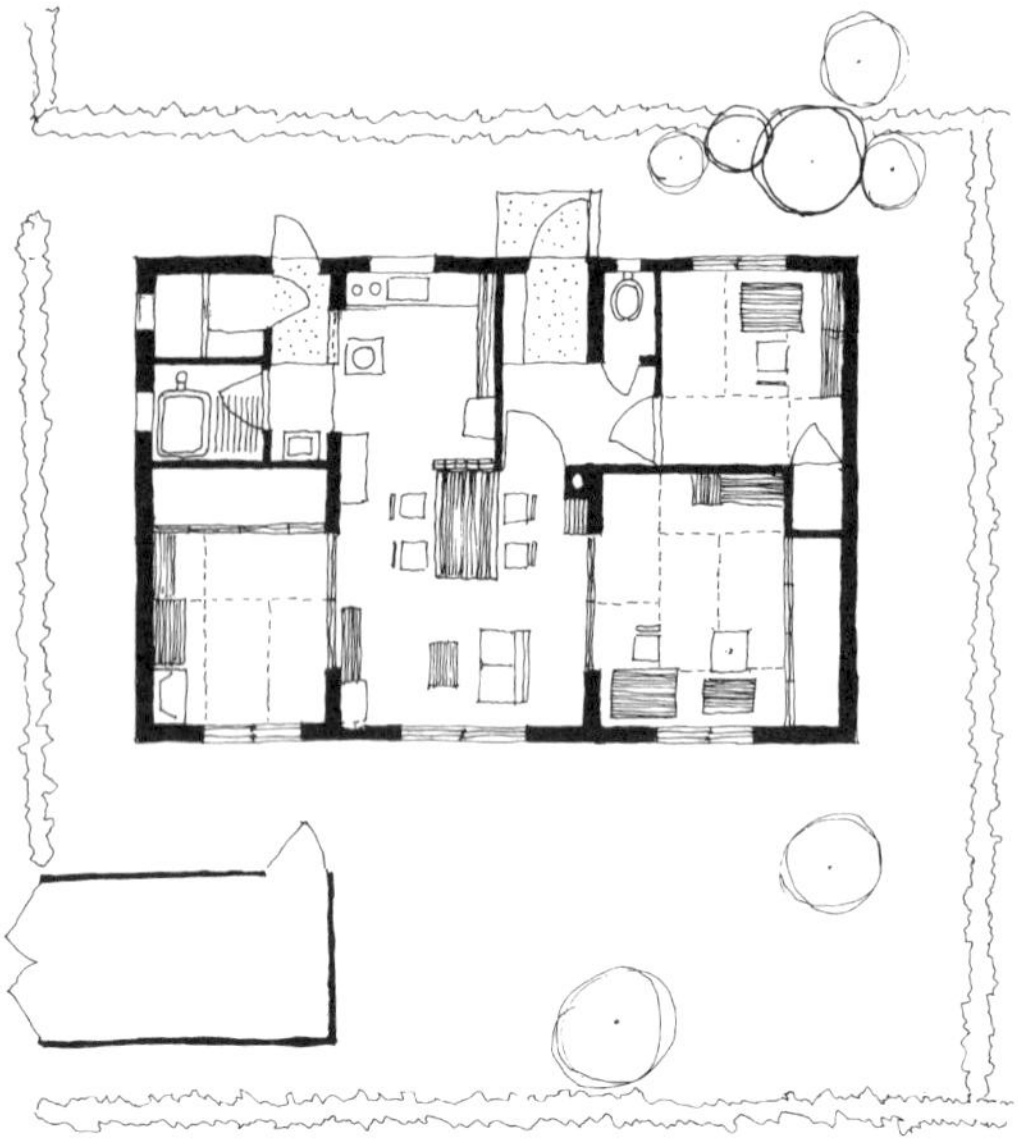

図26　大学村の家の間取り

は建物の材料がブロックとコンクリートとで似ているということではない。田舎の私の生家でも奈良でも、庭に面した大きな窓はたえずあけられて、庭とはごくふつうに出入りしていた。ここでも出入りするけれども、わざわざという感じがある。両側の和室の窓は腰高で出入りはできない。南面の腰高窓というのは、私の経験では二階にしかなかった。屋内は庭とは別ものなのだ。のちになって、この開放感と閉鎖感のちがいは関西の住宅と北海道の住宅との本質的なちがいだということがわかった。でもこの家はこれでもまだ開放的なところをのこしていたのである。たとえば居間のおおきな窓はむかしながらの床面まであけられる窓であるが、いまではこういう窓はつくらない。外の冷気がはいってきて、そのまま床面にたまってしまうからである。大きな窓でも、敷居は床面からすこし立ちあがりをつけ、冷気が直接床面にたまるのをさける。そのわずかの立ちあがりのところのあったかい空気が室内の空気をかきまわすもとになるのだそうだ。

そこに暖房のパネルでもつければなおさらである。そしてその立ちあがりのために、家のなかと庭とのあいだに障壁ができて閉鎖感が高まる。空間構成だけでなく、構造の上でも床、壁、天井とも断熱措置はまったくしてないので、その点でも「開放的」だった。

居間は八畳たらずで床はプラスチック・タイル張り。ここに奈良からもってきた九〇センチ×一五〇センチの大きな食卓をおき、手製のソファをおいた。ソファはふたり掛けの小型のもので、このせまい居間兼食事室につかうために日曜大工でつくったのだ。ソファの前にごく小さな応接テーブルをおき、となりの四畳半とのあいだのふすまの前に、高さ九〇センチ、幅一五〇センチのちいさな本棚をおく。それに必需品のストーブ。これはこれまで奈良でつかっていたようなチャチなものではなく、煙突のついた強力なものだ。煙突はだいたい家の中央、居間をはいったところに四五センチぐらいの壁の出っ張りになっていて、いかにもたのもしい。この「集合煙突」にそれぞれのへやからステンレスの煙突をつっこむようになっている。一八坪の規模ではストーブはひとつで十分だったが、北側四畳半にはさすがに暖気がまわらず、冬は空きべやになった。

ストーブを居間の真ん中におくと、ほとんどひとのすわる場所がなくなる。仕方がないのでストーブをへやの片隅によせ、不燃材の板を衝立のように壁ぎわにおいて壁が過熱するのをふせいだ。これだけ家具をおくと、ねころんだりする場所はほとんどない。ねころんだり、まだ幼稚園の下の子供とふざけたりするのは隣の六畳の和室で、ここは下の子と上の小学校五年の子供のふたりのへやにした。

居間のとなりの四畳半は夫婦のへやとしたが、四畳半といっても「団地サイズ」というやつで、洋

図27　壁ぎわのストーブと不燃材

服ダンスと和ダンスをおくと、ふとんをふたつ敷くのがやっとで、かけぶとんは壁にあたって端がめくれた。

北の四畳半は私の書斎で、中学のときからつかっていてすてる理由もないままに、とうとう北海道までもってきた、いまにもこわれそうな木の勉強机をおき、壁には本棚をおいた。夏には窓をあけると、前の栗の木の枝が窓にさしかかり、すずしい風がふきこんで、高原の別荘にいるような気分になった。奈良では六畳のへやに親子四人がねていた。子供がまだ小さかったからとくに不便は感じなかったが、それにくらべるとずいぶんひろくなったという気がした。

二年ほどたって上の子が中学にいくようになると、自分のへやがほしいといいだした。そこで北側の書斎をあけわたした。南の六畳は小学校二年の下の子がひとりで占領したが、私は六〇センチ×四〇センチぐらいのやはり手製の文机まがいをこのへやにおいて、自分の仕事はここでした。広さからいうと、夫婦でつかっていた四畳半を下の子供にゆずり、夫婦は六畳にうつってもよかったかもしれない。けれども六畳は昼間はふすまをあけたままにして、居間と一体につかっていることが多い。鏡台、洋服タンスなど比較的プライベートな家具は、やはり公開したくない。そこで窮屈はがまんして四畳半は私室としてふだんふすまをしめていた。このへやの使い方は、その後六年間、この家にいるあいだ中つづいた。

広くなったといっても前にくらべての話で、もちろんけっして十分の広さではなかった。家族だけならともかく、学生が十数人もくると隣の六畳までたちまちいっぱいになる。正月だかに学生があつまって居間と六畳がいっぱいになったことがあった。下の子はいるところがなくて、自分の勉強机の上にすわっていた。

日常の買い物はたいてい一五〇メートルほどのところにある生協でした。週に一、二度小樽から魚の行商のおばさんがやってきた。このおばさんから買って、はじめてひらめのえんがわというものをたべた。背びれのつけ根のところの身をていねいにはずして紐のようになった刺し身である。これはうまかった。値段もそれほどではなかった。あとで料理屋できいたところではこれは高級料理で、ふつうならわれわれの口にはいらぬくらいのものだそうだ。そういえば、その後このおばさんが脚をわるくして行商にこなくなってからは、いちどもたべたことがない。

子供の防寒着など、それほど高級品ではないがちょっと手のこんだ買い物には一キロ半ほどはなれた商店街までいった。さすがに札幌は大都市で、この地下鉄駅前の商店街でも奈良の都心商店街ほどのかまえとにぎわいがあった。そのかわり近所に顔みしりの店ができて、町のうわさをきいてくるというようなことはなかった。奈良ではそんな店がちかくに何軒かあり、妻はあの八百屋さんは長男のできがわるいので、長女に婿をとって店をつがせているなどといった家庭の事情までしっていた。

つい最近この団地をたずねてみると、家はこわされてなくなり、敷地は雑草でおおわれていた。北側の窓の前に生えていた白樺や栗の木は、かなりな大木になっている。この官舎団地全体がすっかりかわった。一戸建てはなくなり、全部五階建てのアパートにかわっている(図28、一九九六年航空写真)。一部には法務局の事務所ビルまでたっている。暖房もよくなって、除雪もらくになったはずだ。アパートになったのでその分緑地がふえて、市内ではめずらしく空き地の多い住宅地になっている。昔のような牧歌的な風情はなくなったが、そのことをさしひいても結構なことである。けれども非活動的な私ではあるが、人生のいわば盛りの六年間をすごした場所が、荒れはてて草におおわれているのをみるのはいい気分のものではない。

いろいろな設備

トイレ

トイレは水洗で、これはありがたかった。この団地には戦後すぐのふるい家もあり、まだくみ取りのところもあった。真冬にはたまった便が凍ってしまうそうだ。凍るのはべつにかまわないが、下からふきあげる寒さが大変だ。水洗はそこがありがたい。ただ水洗でも真冬に家をあけたりして暖房が切れると凍ることがあるという。だから排水管も、便器のところで湾曲するふつうのトラップでなく、まっすぐにながく地中までおろしてから曲がるようになっていた。地熱を利用するのである。いちど検便の便を採取しようとして(これもふつうの浅い便器とちがって、けっこう難儀をする。描写はさしひかえる)、容器をうっかりトイレにおとしたことがある。

図 28　1996（平成 8 ）年の大学村

図29　こわされる間際の大学村の家

ふつうだとかんたんにひろいあげることができるが、ここでは手がとどかない。いろいろ考えてながい棒の先にガムテープを輪にしてはりつけ、これにくっつけてひろいあげたことがある。

ふ　ろ

ふろは木のふろに石炭の釜をつけたもので、浴室のなかで焚くようになっていた。これはめんどうだなとおもった。石炭はもやすのがひどくやっかいだという印象を私はもっている。中学のときは戦争末期・敗戦直後で暖房はなかったような気がするが、小学校、高校、大学を通じて暖房は石炭ストーブで、これは燃やしつけるのにいつも苦労したおもいでがある。

けれどもさすがに石炭はもうあまっている時期で、生協にいくと上等の石炭をうっていた。これは新聞一枚をねじってたきつけると、すぐに火がついた。そのうえ火力がつよく浴室全体があったまるのがありがたかった。住宅には勝手口のすぐ横に一メートル四方ぐらいの石炭庫がついていて窓があり、外から直接石炭をいれられるようになっていた。この投げいれ口は、ふだんは横板を何枚かおとしてふさぐ式のもので、断熱上は壁に五〇センチ四方くらいの大きな穴があいているのとかわらない。昔の家はこういう穴がこたえないくらい、すきまだらけだったわけだ。

石炭は昔は暖房にもつかったのだろうが、わが家ではふろだけなので、この石炭庫に半分もいれておくと何年もあった。ただもえかすや灰の処理が必要でこれはすこし面倒だった。近所ではガス釜にかえた家が多かったが、ガス釜では浴室が寒かったらしい。わが家ではつぎの家に引っ越すまでこの石炭のふろをつかった。

水抜栓

水抜栓というのもめずらしい装置だった。室内でも気温がマイナスになると水道が凍る。以前は夜暖房をきると、夜中に水道が凍ることはめずらしくなかったらしい。今でもふるい家では水道が凍ることがある。寒い夜にはテレビが水道凍結の危険をしらせるテロップをながす。水道が凍るとバーナーをつかってとかしたりする。知人がそれをやって火事をおこしたことがある。

そこで地下をとおってくる水道管が、地上にたちあがる前に水をとめる装置が水抜栓である。夜暖房をきるとき、この水抜栓をとじるわけだ。今では防寒住宅が普及して、家のなかの温度がマイナスになるということはまずないから、新しい家では家のなかに水抜栓はふつうつくらない。庭や玄関の入り口のところの外の蛇口にはこれがついていて、冬にはいる前にこの栓をとじる。

図30　水　抜　栓

断熱構法

いままでは断熱構法はすっかり普及して、断熱材は壁で一〇センチ以上、天井で二〇センチ以上、床で一五センチ以上、窓は二重ガラスないし二重窓がふつうで、最近は三重ガラスもふえてきた。しかし私のはいった官舎はその当時から九年前、今からだと四〇年前にたてられたもので、ブロックの躯体の内側にベニヤ板をはり、それを布ばりで仕上げたもので、床下も天井も断熱材なしのお粗末なものだった。そもそもブロックが石に似ているから、木や土壁よりも熱をつたえやすい。多孔質なところがコンクリートより多少つたえにくいくらいである。窓も居間の一八〇センチ角の木製の大きなひきちがい窓は二重になっていたが、ほかのへやはみな腰高窓で、ガラス窓一枚に内側に障子がはいっているだけだった。現在の防寒住宅の常識からするとちょっと考えられないつくりである。それでも戦後急造のすきまだらけの板張りの住宅や、みかけはイギリスの郊外住宅のようでりっぱだが、断熱措置のまったくないレンガ造の住宅にくらべると、新しいだけましだっ

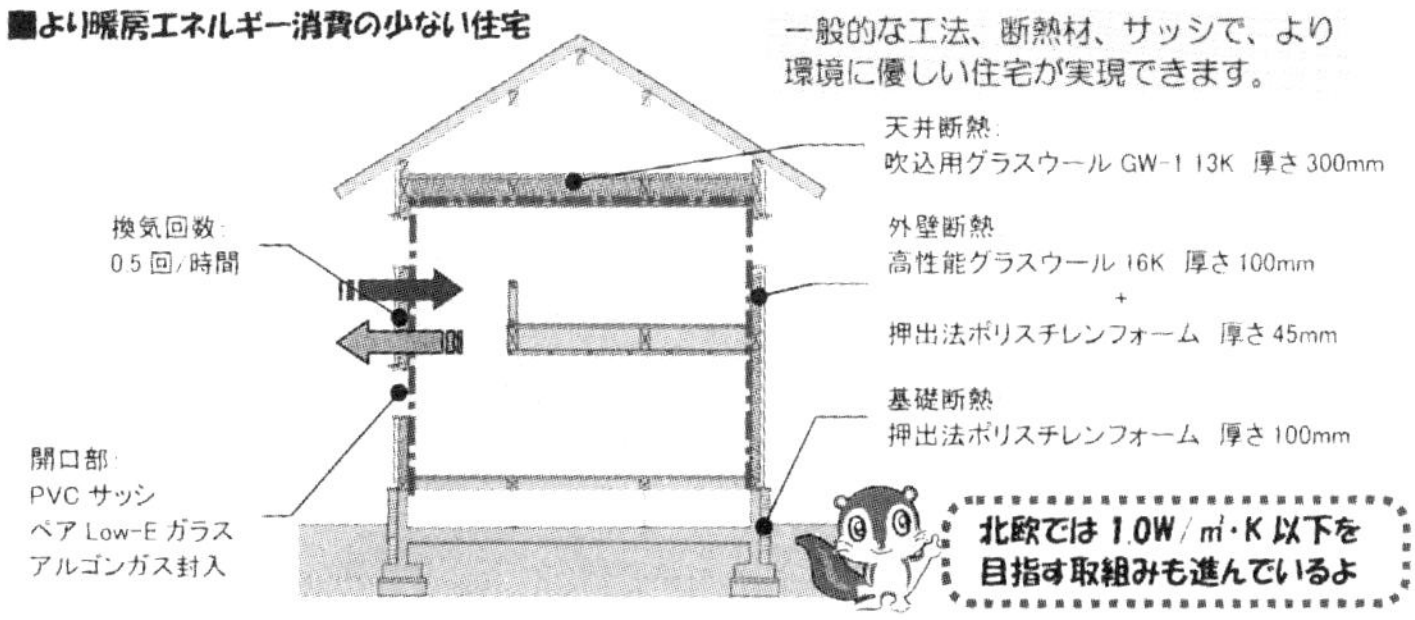

図 31　断熱構法（出典：北海道建設部建築指導課『新しい北方型住宅のつくり方——北方型住宅 解説書』北海道立北方建築総合研究所，2005 年，23 頁）。

たようだ。壁のあつさが三〇センチもあるレンガの家も、夜になるとシンシンとひえこむという。全体があったまるまでがたいへんなうえに、レンガも熱をつたえやすいから、熱がどんどんにげていく。

居間はベニヤの下床にプラスチック・タイルをはっただけで、これにへやいっぱいに絨毯をしいていたが、冬になると足元から冷気がのぼってくるのが目にみえるようだった。

私が札幌にきたころは、ちょうど北海道独自の住宅をもとめて、いろんなこころみがさかんにおこなわれはじめたころだった。プラスチック・サッシの試作品があらわれて、これを腰高窓の障子のかわりにはめこんだことがある。ひきちがい窓というのはいくら精巧につくってもすきま風をふせぐことはむずかしいが、精巧なだけの効果はあり、プラスチック自身が断熱性能がたかいので、これだけでもずいぶん快適になった。

また天井に紙製の小さなつぶの断熱材を、ホースをつかってふきこむ「ブローイング工法」というのがでてきて、これもこころみた。天井裏にあつさ一〇センチぐらいの断熱材の層をつくるのである。工事をやったのは寒い冬の日だったが、天井裏で作業をしている職人さんは、紙つぶの堆積があつくなるにしたがって、それまであったかかった天井裏がみるみる寒くなったといっていた。それくらいこれまで熱をむだににがしていたのである。

断熱材もいろいろでてきた。あるとき私は表面に硬化加工をほどこした厚さ二センチのスタイロフォームを二枚手にいれた。大きさは一八〇センチ×九〇センチで、二枚ならべるとちょうど居間の大きな窓のかまちにおさまる。夜になるとこれを窓の内側にたてかけて、かまちとのすきまに厚紙のくさびをはさんで固定した。これの断熱性能は抜群だった。私は大がかりな工事をせずに熱環境の改善をやったことが得意だった。工夫というのはこういうことをいうのだと自慢してあるいた。その後私は自分の家をつくったとき、そうとう熱心に断熱戸をとりつける工夫をしたが、これはこのときの得意の気持ちがもとになっている。

こんな工夫をいろいろしたが、壁、床、窓など肝腎のところで断熱ができていないので、所詮ささやかな応急処置にすぎなかった。本式(?)の「北海道の住宅」に住むのは六年後である。

加湿器

北海道にきてはじめて私は湿度というものを意識した。世界の文明国のなかではめずらしいモンスーン性の湿潤気候のなかに住んでいて、ことに夏のむしあつさにはいつもまいっていながら、とくにそのことを考えるということはそれまでなかった。これがあたりまえとおもっていたのだ。

まず夏のさわやかさは、湿気のすくない夏の気持ちのよさを十分にわからせてくれる。汗の発散がはげしいので、ビールがうまいというのもそのとおりだと納得した。もっともビールはあつくてのどがかわいておればどこでもうまい。東京や奈良では、夕方家にかえると、まず水あびをしなくては気持ちがわるくて、たたみに横になることもできなかった。札幌ではふろにはいらなくてもどうということはない。

そういう夏の快適さは予想していた。けれども冬にへやが乾燥しすぎるのでその対策がいるのだということは想像もしなかった。もともと湿度がひくいうえに、暖房をするので空気がかわきすぎるのである。ふつう室内の快適な湿度は七〇%ぐらいだといわれている。札幌ではふつうに暖房していると、四〇%をきってしまう。あまり空気が乾燥するとのどをやられるという。そこで必要になるのが加湿器である。加湿器の理屈はわたしはわからずじまいだったが、ポリ容器に一リットルほどの水をいれて、それをさかさまにして電気仕掛けの器具のうえにのせると、蒸気がふきでる仕掛けになっている。

私にはこの器具がひどくあほらしいものにおもわれた。第一私は空気が乾燥して不快だとおもわなかった。けれども妻は気にした。それならそれで蒸気の発生なら手はいくらでもある。まず私はストーブのうえに電気釜の内釜のふるいのに水をはってのせ、これにほそい棒を二本わたして、これにタオルをかけた。タオルがお湯をすいこみ、それが蒸発するというしかけである。棒を二本わたしたのは、タオルがすこしひろがって、蒸発面積が大きくなるようにという配慮である。これはけっこう効果があった。五%もあがったろうか。ただ熱湯がストーブの上にたぎっているのはあぶない。これだって危険をふせぐ手がないことはなかったが、妻の主張で結局加湿器をかった。値段はわすれたが、一万円弱ぐらいだったか。効果はタオル方式とおなじくらいだった。ポリ容器の水はすぐなくなるので、しょっちゅう水をいれなくてはならず、おまけに、よごれるとある種の細菌が発生して病気をひきおこすことがあるという新聞記事がでたりした。感覚的にもあまり効果が感じられないのでだんだんつかわなくなり、二年目か三年目にはまったくつかわなくなった。

その後私は定期的に入院するようになった。病院では冬でも病院専用のパジャマ一枚だから、いつも室温を二六度ほどにしている。ときには三〇度をこえることがある。そうするとさすがに空気がかわいているという感じがする。病室では冬はいつも加湿器が蒸気をはきだしていた。

北海道では居間に洗濯物を干す家が多い。これはあんまりみた目にいいものではない。生活の表現だなどといきがるほどのものではない。ただこれはこれまでの家は乾燥室などそなえていないし、そこがいちばんあたたかくてよくかわくからだが、蒸気を発生してくれるという効果もあるのである。

ともかくいまだに私はあの加湿器という器具が、病院のような特別の場所のほかは、無用な器具のような気がしている。

庭

庭の雰囲気は京都などと非常にちがう。一般に高塀がないのが北海道の住宅の特徴で、それは関西などの湿潤な気候とのちがいに根ざしている。私の家には南側に奥行き四メートルほどのせまい庭があって、南隣の家は境界ぎりぎりにたっており、そのあいだにはなんの目隠しもなかった。わが家の居間の真正面にその家の台所の北窓があり、夏には炊事しているおばさんの顔がまともにみえた。東隣の官舎とのあいだもひくい生け垣があるだけで、庭にはプライバシーはまったくない。最初の冬、居間のすぐ前を子供たちが三、四人、大きな声ではなしながら、平気な顔であるいてとおりすぎたのには、おどろいた。子供たちにしてみれば、道路と庭とのあいだの生け垣も雪にうづもれるから、庭に人もいないし、四〇メートルほどむこうの隣の道路まで短絡しようとおもうのは当然なのだろう。

夏でも庭いじりをしているひとは、ジャージーなどきて、いわばちゃんとした服装をしている。京都あたりのように、すててこ姿ということはない。それほど暑くないということもあるが、それだけではない。高塀のようなプライバシーをまもるものがないからである。庭は視覚という点では、道路とおなじ公共空間である。

日本の本州はモンスーン性の湿潤気候帯にはいり、夏の高温高湿はたえがたい。住宅の通風は不可欠で、庭はそのためにある。庭のおかげで夏は窓をあけはなして、家の中と外とは一体になることができる。つまり高塀は、家の壁の一部が道路ぎわまで移動したもので、壁のその部分が窓になったのである。

北海道は津軽海峡をはさんで本州とは気候区分がちがい、ヨーロッパや北アメリカと似ている。夏でも暑い日はあるが、だいたいさわやかで、窓をいっぱいにあけなくても、すこしの通風か換気があれば十分である。庭は生活にうるおいをあたえてくれる貴重な空間だけれども、それがなければ不快

図32　弘前の武家屋敷の檜の生垣

図33　金沢の人の背丈をこえる土塀

ですごせないということはない。

高い塀のないのを、雪処理の便のためというひとがいる。それも関係がないことはないだろうが、雪の多い弘前の武家屋敷はみごとな檜の生け垣でおおわれている。金沢でもりっぱな土塀がある。

北海道大学では、道内出身の学生と道外からきた学生が、いつも大体半々だった。道外からきた学生に北海道の住宅の印象をきくと、かならずあげるのが、屋根がトタンなのがやすっぽくみえるというもので、すこし気のつく学生は、窓に雨戸がない、敷地に塀がないというのをあげるものもいた。いずれも北海道の住宅のきわだった特徴といっていい。トタン屋根は雪処理に都合がいいし、第一伝統のかわらでは冬浸透した水が凍ってわれてしまうのである。最近は温度がさがってもわれないかわらができたらしいが、雪処理に不便なためかほとんど普及していない。

雨戸は台風のないせいだろう。それに冬には昼間にとけた雪が夜に凍るので、朝あかなくなることがある。函館山からながめる市街地の夜景は日本一だと函館市民は自慢するが、これには雨戸がないために、窓のあかりがもろにみえるという効果が大きい。

さて塀がないというのもそのとおりだ。ただテレビなどでみるアメリカの郊外住宅などは、道路と敷地の間には縁石があるだけで、塀がまったくなく、芝生の庭が建物までつづいているのが多いが、北海道ではそういうのはすくない。六〇センチほどの高さの人造石の塀のうえに、四〇センチほどの鉄ないしアルミの縦格子をたてた塀をつくっている家が多い。

ともかくこれは道路からの視線をさえぎるためのものではない。敷地の境界をはっきりさせるためのしるしのようなものだ。なぜ京都や東京の住宅街のように高塀をつくらないのか。気候のせいで、庭の意味が京都や東京とちがうからだろうとおもう。

京都など夏高温多湿のモンスーン性気候の地域では、庭は室内の延長だ。これはそういう地域に住んでいるひとには、説明は不要だろう。家の中と外とは一体である。夏は家の中とおなじ、ほとんど裸になって庭にでる。道路からみられてはちょっとぐあいのわるいプライベートな空間だ。だから高塀が必要になる。北海道では庭は外だ。真夏でも窓をいっぱいにあけて庭と一体になる必要はない。すこしの通風あるいは充分な換気があればいい。庭での楽しみ方もちがう。北海道では真夏でも、裸で庭仕事をするということはまずない。ジャージーなどきて、そのまま買物にでもでかけられるような、いわばちゃんとした服装で庭仕事をする。プライバシーはほとんど必要がない。庭にガスレンジをもちだしてジンギスカンをやったりしているのが、道路からまるみえだが、べつにだれも気にしない。

京都などでは夏には家のなかでは、そのまま店に買物というわけにはいかないような服装をしていることが多い。それがときどき家の前あたりでは、そのままの服装ででてしまうことがある。そういうところに通りかかると、こちらのほうがちょっと目のやり場にとまどうことがある。

つまり北海道では家庭生活のプライバシーをまもるのは、高塀ではなく家の壁である。いいかえると、京都の高塀は、住宅の壁が塀の位置まで移動したものにほかならない。この高塀が家の壁のかわりだという指摘は、前に北海道大学におられて、のちに京都大学にうつられた堀江悟郎先生から、私が北海道にうつる直前にうけた示唆だが、きてみてそのとおりだとおもった。

図34　奈良の官舎の高塀

北欧やドイツでも都市部ではそれほど雪はふらないが塀をつくらない。ところがフランスは塀をつくるのが好きなようだ。これはフランス人にいわせると土地の所有意識のあらわれだという。住宅敷地でも農地でも、手にいれるとまずやるのが境界をつくることだそうだ。住宅では高い鉄のフェンスに蔦をからませたものが多い。南仏ではがっちりした石づみの高塀をよくみかける。農地まで塀でかこっていることがある。

図35　ヨーロッパの塀(出典：「ブロック塀のある風景」http://homepage2nifty.com/tacf/BLOCK/index.html より)

築地塀や白壁の塀に縁取られた道は、人通りがなくてもいい雰囲気だ。黒塀に見越しの松というのもわるくない。けれどもせっかくの庭が個人の楽しみの場になってしまって、町並みに参加しないのはもったいない。

暖　房

集中暖房

私が最近まで住んでいた札幌の自宅の暖房は温水によるパネル・ヒーティングと「ホームごたつ」だった。パネルは窓の下に横にとりつけてあって、お湯はボイラーのところで八〇度くらいだから、パネルの表面はもっとひくく、ふれてもやけどすることはない。断熱がちゃんとしていないとたよりない暖房だが、きちんと断熱がしてあれば、やわらかなあったかさで、床面と天井付近の温度はほとんど差がない。へや全体が二一、二度で、いってみれば春の陽気のなかにいるようなものでたいへん快適である。最近は床暖房が普及してきているが、これは床の表面が熱源になっているのでもっと快適だ。

これにはもちろんボイラーが必要である。パネル・ヒーティングはふつう家全体を暖房する。ストーブのように「火にあたる」つまり「暖をとる」採暖ではなく、文字どおり「房を暖める」のである。

パネル・ヒーティングはいちど火をきると家をあたためるのに時間がかかるから、冬のあいだ暖房はとめない。きったりつけたりして家をあたためなおすことを考えると、石油の消費量はほとんどかわらないのである。留守にするときも、室温が零度以下にならぬくらいに調節してつけたままにしておく。水道管がこおったりするとやっかいだからである。ながい間留守にするときには、ちゃんと管の水をぬいて暖房をきる。

暖房器具などの故障への配慮はけっこうやっかいである。家をたててから一四年ほどたったころの夏、地下の貯湯槽の底がさびてぬけ、地下が水びたしになって往生したことがある。夏でもふろ、台所は湯をつかうし、冬は暖房があるから、常時二〇〇リットルほどの湯がためてある。湯をつかうと自動的に水が補充され、ひえるとボイラーがはたらいて、温度を八〇度に保つようになっている。この底がぬけたのだ。

「事故」のあと、私にあらかじめなにができたか考えてみた。底のぬける予測は、地震予知ににて、おおよそいつごろというのはわかっても(私はしらなかったが)、日にちまではわからない。適当な時期にタンクの水をぬいて検査するといったことも、しっていても一日のばしにして、結局カタストロフはおこったろうとおもう。

それより事故がおこったときの対策がしてなかった。地下に浸水があったときの対策が必要なことはしっていた。

その日の午後、私はトイレに腰をおろしていた。こういう際の例にもれず、一瞬家のなかがしずまりかえった感じで、ふだんはほとんど気のつかない地下のボイラーの作動する音がきこえてきた。夏でもふろ、台所は湯を使うから、貯湯槽には二〇〇リットルほどのお湯がためてあり、これがすこしでもひえると温度をたもつために、自動的にボイラーがはたらく。ふつうだと一分ほどできれてしまうのが、ずっと音がきれないのである。理由はわからぬがとにかく異常である。用をすませて地下におりてみて息をのんだ。地下一面に一〇センチほど水がたまっているのである。貯湯槽の底がさびてぬけたらしい。それが熱湯でなくてぬるいのは、水が自動的にどんどん補給されてながれたためらしい。すぐにバルブをしめて水をとめた。地下はほとんど物置だから床にはいろんなものがおいてある。靴、本、段ボール箱その他なんだかわからぬがそれらが水びたしだ。水はかいだすことができるが、ぬれたものを干すめんどうを考えると私はほとんど絶望的になった。台風におそわれた地方の床上浸水の様子をテレビでみるたびに、あと始末の手間を考えて、ひとごとながらうんざりするあの気持ちである。

とにかく設備屋さんに電話して事情をはなして給湯対策を考えてもらい、こちらはさっそく子供とバケツで水をくみだしにかかった。たぶん六〇〇リットルほどある水を、小さなバケツにくんでは地上にもってあがってすてる作業は、いつはてるとも知れないという感じで、ほとんどシジフォスの苦行だった。ぞうきんがけまでして水をとりのぞいたが、昼ごろから夕方までかかった。たっぷり水をふくんだにちがいない床上の本その他の品は、外で干すなどというめんどうはやりきれないし、そのままにしておいたらどうなるかということは、考えると精神衛生によくないので、考えないことにした。

ちゃんとした地下室なら水がでたときの対策に、一部にくぼみをつくってポンプをそなえておく。私は水がでるとしたら、地下水の浸入だとおもったので、地下のコンクリートをきちんと打つことを前提に、費用のことも考えてそういう配慮を省略した。地下水の浸入はなかったが、おもわぬ伏兵にやられたわけだ。というよりもやはりそれはこちらの浅慮であって、当然考えておくべきことだった。給湯機器の耐用年数はだいたい一五年とのことで、ちょうど一四年目ににやられたのだが、いつやられるかという日にちまでは予測できない。

この機会に貯湯槽方式はやめにして、これまでのボイラーは暖房用に、給湯にはあたらしく瞬間湯沸かし器方式のボイラーをいれることにした。機器の改良もずいぶんすすんで、小型で強力なボイラーがでてきていた。何年かあと似たようなパニックがおこることは十分考えられるが、あのような洪水になることはないはずだ。

ストーブ

前に住んでいた官舎では石油ストーブだった。本州でふつうにつかう「ポータブル」ではなく、煙突つきの据え置き式だ。火力は強いし、家が気密になってきているから、煙突なしではあぶない。その煙突は家のほぼ中央に土管のまわりをコンクリートでかためた「集合煙突」で、一本の煙突にいくつかのへやからスチールの煙突を突っ込むようになっている。この煙突は戦後になって普及した。わが家ではストーブを居間において南の三室をこれひとつでまかなった。十分なあたたかさだった。ただ夜は切ってねるので、朝おきるとそうとうさむい。朝おきて最初の作業はストーブに火をつけることだった。北の四畳半は暖気がまわらないから、冬は空きべやになる。このへやを上の息子がつかうようになると、そのへや専用のストーブが必要になったが、四畳半にちょうどという小さなストーブはみつからない。しかもへやの真ん中におくことができない。壁際におくストーブで微小燃焼というのでしのいだ。この据え置き式の石油ストーブはいまでも暖房方式の大半をしめているだろう。ただ最近ではへやの中の酸素をつかわない「FF式」の給排気方式がふえている。

その前奈良ではアラジンのブルーフレームというポータブルの石油ストーブをつかっていた。奈良には一一年いたが、これひとつですごした。それでとくに寒かったという記憶はないが、家がすきまだらけだったことはよくおぼえている。南側のひきちがいの大きなガラス戸の下のほうの板のところは一センチくらいのすきまがあって、そこから外の景色がみえた。さすがにこれはセロテープをはってふさいだ。こういうすきまは別にしても、ひきちがいの窓や和風の棹縁天井など、仕掛けそのものに由来するすきまが多かった。けれどもそういうすきまのおかげで、家の中の空気をよごすストーブでガス中毒にもならずにすごしてきたわけだ。ブルーフレームというのは『暮らしの手帖』の推奨品だったが、もともとイギリスで馬小屋をあたためるのにつかったという説明をよんだ記憶がある。日本の伝統住宅はイギリスの馬小屋なみにすきまが多くて風通しのよいつくりらしい。

このブルーフレームは武蔵野の公団住宅で結婚直後にかったものだった。そのまえにはちいさなガスストーブをつかっていたようにおもう。

私が大学をでて東京でつとめるようになったのは一九五七年だが、そのころ下宿のへやでどんな暖房器具をつかっていたか、記憶がはっきりしない。ひところ石油ストーブの一種で、ポンプで空気を圧縮して灯油を気化し、点火するという方式のものがはやったことがあったが、それをつかっていたような気がする。これはとりあつかいが面倒で、たちまちすたれてしまった。

こたつ

それ以前、学生のころは火鉢がふつうだった。学生にかぎらず、一般の家庭でも火鉢かこたつだった。ちょうど戦後一〇年ほどのこのころまで、わが国では何百年もこの暖房方式はつづいてきたわけだ。いまから考えるとよくあんなたよりない暖房で、日本人は冬をすごしてきたものだとおもう。これはへやをあたためる「暖房」ではなく、手をかざして直接体をあたためる「採暖」にすぎない。その採暖も、体があたたまるというようなものではない。ひとつの「たてまえ」としてのあたたかさにすぎない。「あたたかいつもり」というわけだ。これにくらべると農家のいろりのほうが、煙がたいへんだがまだしも「暖房」の名にふさわしい。

さて私が学生だった一九五〇年代のなかごろは、「電気あんか」もつかわれていたが、炭火の火鉢のほかにふとんのなかに電気あんかをいれるのは、どの学生にでもできるぜいたくではなかった。これは「湯たんぽ」の近代化で、暖房方式としてはごく原始的なしろものだが、「電気あんか」自身にも近代化ないし改良がすすんでいた。あるとき私とおなじ家に下宿していた学生が、電気をきるのをわすれて外出したため、あんかが過熱してふとんをこがしたことがある。発見がおくれたら火事になるところだった。その一、二年あとに、私の友人がやはり電気をきるのをわすれて旅行にでかけてしまったことがある。途中で気がついてあおくなったが、かえってみるとふとんの中はあたたかく、なんともなかった。サーモスタットつきだったのである。

座卓に電気の熱源をつけ、上にふとんをかぶせて天板をおく「ホームごたつ」があらわれたのは一九六一年ごろらしい。床を四角にほりこんでこの上にホームごたつをのせ、ふとんでおおってその上に天板をおいててテーブルのようにしてつかうこたつは、いまでも北海道をのぞくほぼ全国でつかわれているのではなかろうか。このごろは豪華な応接セット風のものまであらわれている。

この原始的な暖房方式は、日本の伝統的な住宅構造とむすびついている。日本の住宅はもっぱら夏むきに考えられていて、断熱性能がきわめてわるい。材料の木や土自身は石よりも熱をつたえないが、構造上すきまが多いのだ。大きな開口部、ひきちがいの戸や窓、すきまだらけの天井、それに壁にもすぐにひびわれができる。ヨーロッパの伝統的な石造がまだしも寒さにつよいのは、そのすきまのすくない構造のおかげである。

すきまからは冷気がじかにはいってきて、それは床面付近にたまる。日本の住宅は足元が寒いのである。これではへや全体をあたためるのはたいへんだ。いくら強力なストーブをたいても、熱は天井のほうにたまるばかりで、足元はなかなかあったまらない。頭ばかりのぼせて足元はうそうそ寒いというあれだ。こういう家ではこたつは、小さな熱源で手軽にいいきもちになるのに有効である。

北陸から東北地方にかけての積雪地帯は、いまでも石油ストーブとこたつの併用が多い。積雪地帯は一般に住宅が大きい。その上、最近防寒構造がすこしづつ普及してきてはいるが、まだ「伝統的」な構造の家が多い。こういう家ではストーブでも家全体をあたためるのはたいへんだ。伝統的な住宅構造がつづくかぎり、こたつへの需要はなくならないだろう。

北海道ではさすがに火鉢とこたつですごせるものでなく、はやくからまきストーブが普及したらしい。いまでは火鉢はもちろんこたつのある家はほとんどない。ついでにいうと私の生活史で石炭やまきのストーブであったたまったのは、小学校、高校、大学などの学校だけだ。石油やガスのストーブ以前に石炭ストーブをつかった家庭は、都市でもごく一部の上流の家庭だけではなかったろうか。

そこでわが家のこたつになる。いまわが家の暖房の変遷を逆にさかのぼったが、それがそのまま便利、快適の序列をつくることはいうまでもない。セントラル・ヒーティング——据え置き式の石油(ガス)ストーブ——ポータブルの石油(ガス)ストーブ——石炭(まき)ストーブ——火鉢(こたつ)の順序で、それはそのまま価値の序列として定着しているだろうとおもう。どの方式を採用するかは地域条件、住宅の構造、家庭の事情によるが、どの方式でもそれになれているかぎり、とくに不便、不快はおぼえない。けれどもいちど上位の方式になれると下位の方式にかえることは、ほとんど不可能になる。

私にしたところで、なにもこたつの生活にかえったわけではない。そもそも北海道ではこたつだけの暖房は我慢の限界をこえて、生理的に危険になるだろう。わが家ではこれを「補助暖房」につかっていた。セントラル・ヒーティングによる全室暖房方式にくわえて、居間でホームごたつをつかっていたのだ。そして補助の暖房としてつかうかぎり、こたつは実に有用なのである。

　第一に足をあっためるのはつねに快適である。頭寒足熱。快適な室内温度というのはひとによってちがうだろうが、私は二一〜二二度ぐらいがちょうどいい。ただ、うごきまわっているときだと、これよりひくくてもいいが、じっとしてテレビをみたり眠りこんだりするときには、ちょっと物たりない。そんなときにこたつを「弱」ぐらいにして足をいれると実にきもちがよい。第二にそのために主暖房の温度をさげることができる。足元があったかければ、室温は一八〜一九度ぐらいでも十分快適だ。つまり省エネになる。第三に家族がむきあう機会をつくることができる。いろりやストーブとちがって、セントラル・ヒーティングは家族をまわりにあつめる機会をうばってしまった。それぞれのへやが快適なので、食事がすむと、年頃の子供たちはさっさと自分のへやにひきあげてしまう。「補助暖房」としてのこたつには、食事ほどの強制力はないが、それでもあつまる機会をふやす。もちろん家族のライフサイクルのなかでは、子供が親と顔をあわせるのをさけたがるという時期もあるが、こたつなら顔をあわせたくなければねころんでしまうこともできる。最後にこれまで価値のひくいとみられていた暖房方式が、まわりの条件がかわったために、あたらしい価値をもって生きかえるというのがうれしい。こたつそのものは、いまでもまずしい暖房手段だ。それが主暖房がちゃんとなって、「補助」として大きな力をもつことができるようになった。「再生」というのはそういうものだとおもう。生活環境のなかでそういうものをたくさんみつけだすことが大切だ。

　ただ、くりかえすが、北海道ではこたつはほとんどつかわれていない。やはりさきの「価値の序列」が定着し、まずしさのイメージまでくわわって、見むきもされないのだろう。床暖房の家では不要だが、もっとこたつがつかわれてもいいとおもう。

さて暖房をちゃんとすることは、北海道の生活を楽しむためには不可欠で、現に近年いちじるしく改善されてきている。新しい住宅では全室暖房がふつうになってきている。部分暖房で冬寒いために使わないへやができるのでは、大きな家をたてても意味がない。ところで全室暖房が完備していくと、家族生活はどうなるか。

家全体が快適になったために家族の集まりがどうなっていくかは、いまのところわからない。家族のだんらんも客の応対も、居間のストーブのまわりでいっしょにおこなわれていた北海道のよき住慣習が多少ともかわっていくであろうことは予想される。家族全員が子供まで自分のテレビをもってい る家がふえている様子からするとなおさらである。せっかくの広い居間・食事室はどんな意味をもつようになるだろうか。

ホーム・タンク

北海道の住宅の暖房を陰でささえる必需品に灯油をいれるホーム・タンクがある。戸建て住宅にはほとんど例外なくあり、それも陰どころか玄関わきに堂々とのさばっている家もある。二〇〇リットルはいるタンクがふつうで、これに石油屋さんがタンク・ローリーではこんできた灯油をみたし、これから銅の導管で地下ないし床下をはわせて、ボイラーあるいはストーブに給油するのである。

これは今のところ必需品だが、たいていの必需品はあつかい方しだいである種の美しさをみせるの

図36　灯油のホーム・タンク

図37　灯油のホーム・タンクの目隠し

に、これはどうあつかってもかっこうのつかないしろものだ。たぶん手がるすぎるからだろう。玄関の横にたたみ一畳ぶんほどの大きさのスチールの物置をよくみかけるが、ちょうどあんな具合にとりあえずという感じで、いかにもやすっぽい印象である。このごろでは、庭木をまわりにうえたり、木格子で目隠ししたりするデザイン上の配慮がふえている。

六　私の家

家をたてる

一九八〇年の夏、私は自分の住宅をたてることになった。もちろんはじめての「自分の家」である。私は「昭和一桁」世代であるが、どうもこの世代からもうすこし前の世代にかけて、住宅（衣も食もだが）にたいする禁欲主義のようなものがあるような気がする。まず戦争中の雰囲気がそうとう頑固にしみついている。「ほしがりません、勝つまでは」というやつだ。それにつづいて戦後の学生のころのマルクス主義の雰囲気がある。私などは惰弱のうえに政治的信念などまるでないたよりない学生だったが、それだけに雰囲気に左右されやすく、私有財産は悪という感じをいつのまにかうえつけられていた。「高度成長」のおこぼれにはたしかにあずかったにちがいないが、家をたてるなど夢のまた夢という感覚が固定化して、そこからくる居なおりもあった。建築を勉強して、そのなかでもとくに住宅のことにかかわって仕事をしてきたくせに、というよりたぶんそれだけに、住宅は借家でけっこうという感じがぬけなかった。この感じはいまでものこって、ときどき「自分の家」にすんでいることがこの世のことでないような気がふっとしたものだ。

結婚してからも公団アパート、官舎に二回と、ずっと借家ですごしてきて格別の不満はなかった。大きくて快適な家に住めたらそれにこしたことはないが、できないことをのぞんでも仕方がない。富山県は全国一住宅規模の大きい県だが、富山市の郊外の新しい住宅地をみたおり、新婚家庭で自分の家に住んでいないものはばかにされるという話をきき、まだ若い家族が大きな家に住んでいるのにおどろくとともに、たかが住宅だ、かんかんになることはないじゃないかとおもったものだ。それは手のとどかないところにあるぶどうをすっぱいという、イソップの狐の心境にちかかった。家がもてたとしてもどうせ官舎なみの家しかたてられないだろうから、ふだんは官舎に住んで、自宅は別荘をもとうというようなことを一時考えていた。

けれども妻は自分の家は当然もつべきものという信念をもっていた。これは彼女には信念より前に、もっと実際上必要なことだった。私が死んだり仕事がかわったりしたらたちまち官舎をおいだされる。すくなくとも今の日本の現状では、女性の持ち家指向にはそういう社会的理由が大きいであろう。それとも生活の根拠地を確保することについての、もっと本能的な理由があるのだろうか。

ともかく彼女は札幌に住むようになって二、三年したころから、土地さがしに熱心になった。銀行の不動産部に紹介してもらって、こちらはあまり気のりのしないままに、土地をみにいったことが二、三度ある。そのうち彼女の大学の同窓の友人が、その友人のしりあいで、主人の留学で一家で外国にでかけるので、その費用をつくるために、土地をうりたがっているひとがいるという情報をつたえてくれた。みにいくと、小高い丘陵のてっぺんの一〇〇坪ほどのたいらな土地で、まわりにはアカシアの林がのこり、環境は最高、地下鉄からあるいて一〇分。道路、水道、下水はないが、値段は京阪神都市圏からきた私にはうそみたいにやすかった。もちろんすぐに都合のつく金額ではないが、借金をすれば私にもなんとか手のとどかない値段ではない。道路も水道もないので今すぐ家を建てるのはむりだが、どうせ先のことで、そのときにはまたかわっているだろう。建てずにおわるかもしれない。そこで買うことにした。あとできいたところでは、相場としてはけっしてやすくないのだという。売り手も買い手も両方が得した気分になったわけだ。

契約する段になっても私は依然として不熱心で、これはむこうのご主人も同様だったようだ。こちらは妻、むこうは奥さん、それに中にたってくれた妻の友人の女性三人が法務局にあつまって契約の手続きをした。

私のおよび腰は、例によって私の優柔不断によるものだが、もうすこし考えてみると、一方で例の戦中戦後世代のうしろめたさがのこっており、他方で自分に家などもてるはずがないという、やはりこの世代のおもいこみが意識の底のほうにのこっており、成否どちらの場合にも責任を回避したいというふやけた気持ちがあったようだ。

北海道の住宅

それから四、五年たって、妻が家をたてようといいだした。せまい官舎にいや気がさしてきたという。私はもっともだとおもった。とくに冬のあいだは一八坪の空間にとじこめられてしまう。このことは雪国の住宅を考えるときの大事な条件のひとつである。奈良にいたときより、住宅の規模は四坪ばかりふえているが、冬のあいだの規模感覚はむしろせまい。奈良だと、冬でも天気がよくてあたたかければ、窓をあけてぬれ縁でふとんをほしたりする。自転車なんかも外にだしっぱなしにできる。外にも気軽にでられる。札幌では冬に外で物干しなどできないし、外にでるには多少の「武装」が必要だ。雪のなかをころげまわってあそぶ歳ではない。スキーの趣味もない。私のほうは毎日学校にでかけるが、そういう日常の気分転換もすくない。私の研究室の調査と試算では、北海道では、たとえば東京にくらべてすくなくとも二割の規模増があって、東京なみの住生活ができるだろうという見当だったが、実際には三割以上の増が必要だろう。それにこまぎれの小さなへやがたくさんあってもだめで、大きなへやがひとつはほしい。

一方私は建築学会北海道支部の寒地住宅委員会というのに顔をだしていて、これまであたりまえのことにおもっていた住宅の考え方、間取りとそのもとになる生活の仕方、窓の役割と機構、暖房の考え方などが、ここではまったくちがうことに、研究会のたびごとに新鮮なおどろきをおぼえていた。関西にいるときには、住宅設計といえば伝統デザインをどうとりこむか、床柱は北山杉といったことに関心がもたれ、断熱、遮音、換気の性能などの住宅の基本性能がとりあげられることはほとんどなかったようにおもう。壁の断熱性能、窓の気密性と換気回数などといったことは、言葉としてはしっていても実際には考えたことがなかった。窓のアルミサッシが普及したために、室内の壁や床にかびがはえやすくなっているといった、窓機能の向上のマイナス面が指摘されることが多かった。ところが北海道では、レールの上をすべる伝統的なひきちがいの窓は、アルミサッシでどんなに精巧につくっても隙間はふせげないというので、ひらき窓が推奨され、いまではそれがふつうになってきている。気候がちがうと生活の仕方もちがってくる。さきほどの「大きなへや」も大事になってくるし、夏が高温多湿で家の内と外とが一体の本州とちがって、北海道では内と外は隔離しなければならないから、窓を通って居間と庭とのあいだを出入りする回数も本州とちがうだろうと指摘されたときには、目からうろこがおちるおもいがした。そこから当然居間の意味、窓の機能と形、機構まで「伝統」とは別のものが考えられるわけだ。

設計の原則

そんなことがいろいろあって、自分でもこの機会に自分で考える北海道の住宅をたててみようという気になった。道路は敷地が指定されているだけで道路の態をなしておらず、水道はとおくからひかなければならず、下水もないので私は気がおもかったが、妻はそんなことはわからない。ところがまったく偶然に、某住宅会社がとなりあって一〇戸ほどの宅地を造成することになり、道路は会社がつくるし、水道も下水も十分の一ほどの負担でつくれることになった。

設計の原則は

(i) できるだけ大きな集まりべやと必要最小限の個室——冬どうしても家の中ですごすことが多くなるから、ゆったりしたへやがひとつ必要。個室は大きいにこしたことはないが、どのみち面積は限られているのだから、こちらはねられるだけの大きさがあればよい。
(ii)　形はできるだけ単純に、できれば立方体に——外気にふれる面積を小さくするのが防寒に有利。それには総二階の立方体が有利だ。単純な形は断熱層をつくりやすいし、雪処理も楽。
(iii)　へやをなるべく南面させ、南面の窓はできるだけ大きくとる——本州の夏には北側のへやは快適だが、北海道ではとくにそういうことはない。一方冬には太陽の高度がひくいので、南面の日照は暖房効果が大きい。ただこの条件は(ii)とくいちがう。実際には敷地の形にも左右されて、南面のながい直方体にちかくなった。
(iv)　ブロック造の外断熱にする——ブロックの素朴な感じが好きだし、あるいても下にひびかない堅固な二階がつくれるので、はじめからブロックにしたいとおもっていた。これは「単純な形」ともなじむ。熱環境としてもこれで外断熱にすれば、ブロックの壁体が蓄熱体になって暖房に有利。
(v)　地下室をつくる——ゆたかさ(蓄積)と夢(すきなことができる)の空間として。
(vi)　家族はベッド、客はふとん——万年床を合理化する。一方客はいつもあるというわけではないから、万年床(ベッド)の必要はない。

平凡な家　右の原則にしたがってつくったのが図38のプランである。ごらんのとおり、こったデザインというものは一切ない。住宅金融公庫の金をかりたので、面積が一二〇平方メートルにかぎられる。この面積をどう配分するか。

一階は居間食事室(和室をふくむ)と台所の「集まりべや」だけ。二階に個室三つをおき、まん中の

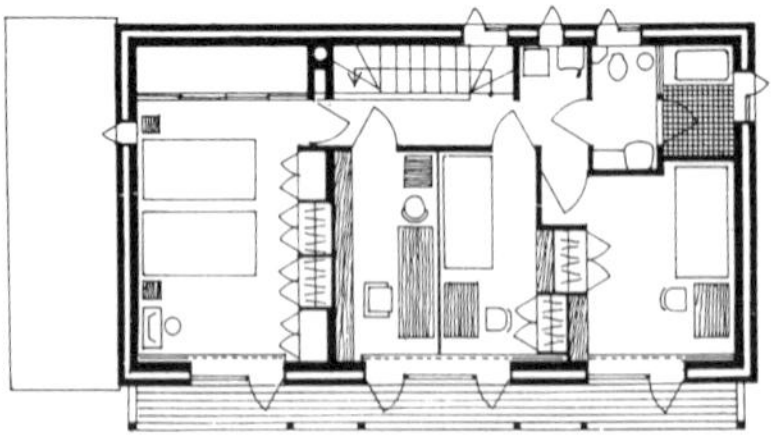

2階

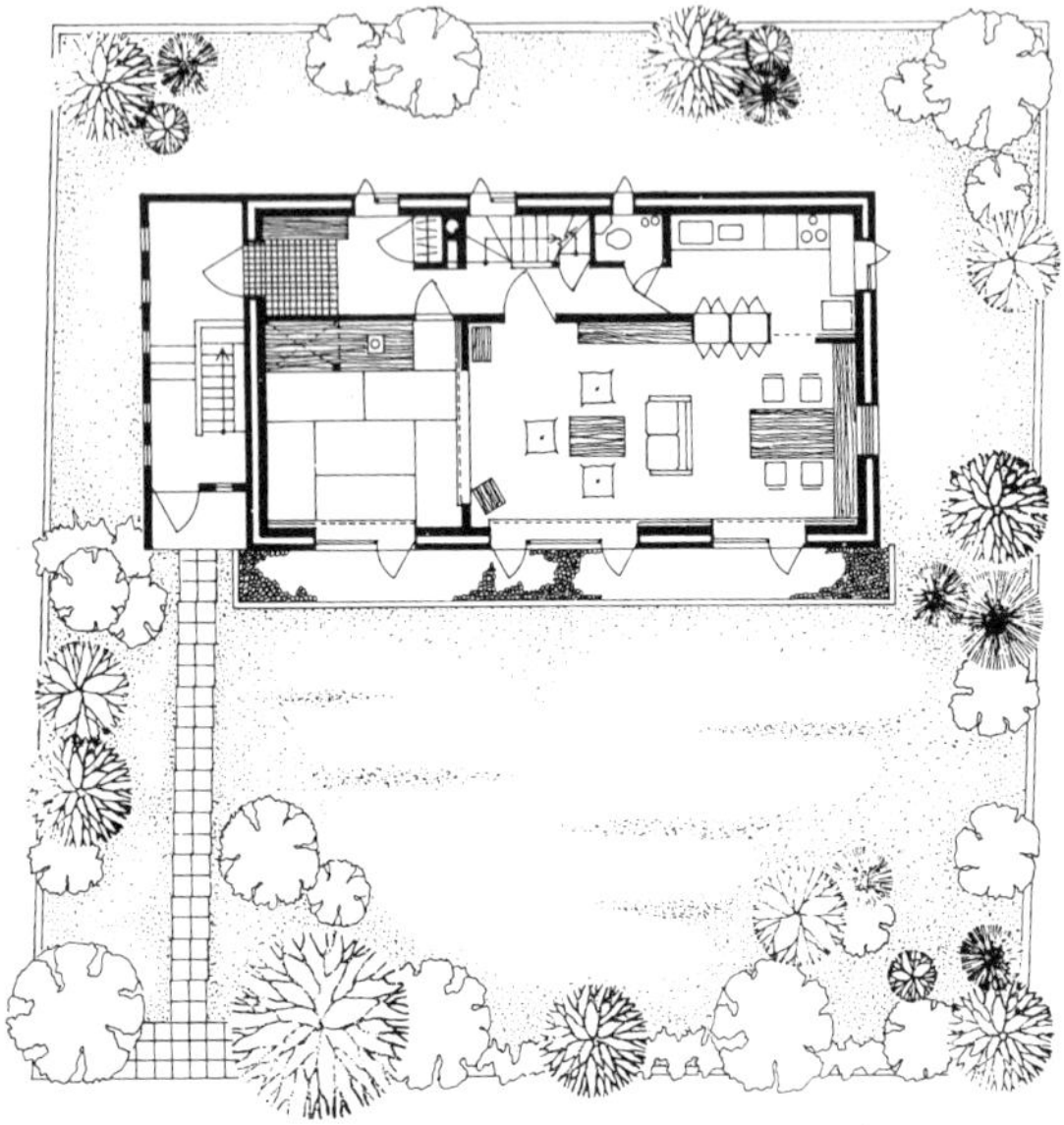

1階

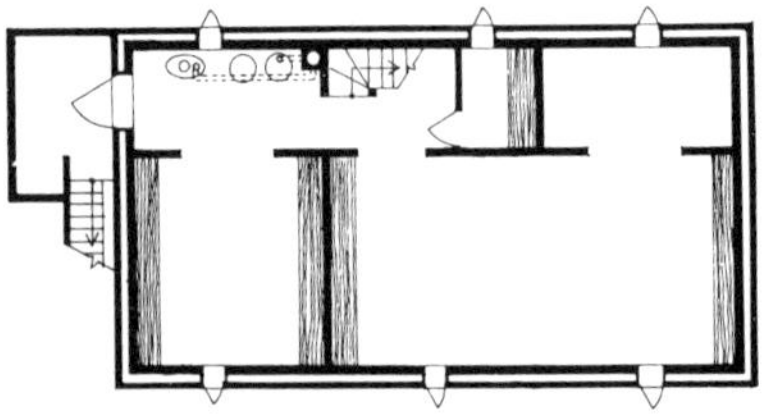

地下

図38　わが家のプラン

八畳大のへやに仮間仕切りをつくって二室とし、ひとつを子供べやに、ひとつを自分の書斎とした。総二階にしたので、へやの面積配分がやっかいになり、洗面・浴室・洗濯などのユティリティは二階にくることになった。

このプランはいわゆるn・LD・Kタイプの、現代住宅の典型のひとつである。これはことに気鋭の新進建築家には評判がわるいようである。しかしなぜこれがいけないのか。マンネリズムで、生活とその空間の変革への意欲がないということなのだろう。けれども生活と空間はたえず変革しなければならないものか。生活というのは本来マンネリズムつまりマナー(型、習慣)のうえになりたっている。毎日あたらしい生活の仕方を考えながら生活していたのではやりきれない。また住宅と生活は相即の関係にあって、前者は後者にもとづいてつくられるが、同時に後者を規定する。住宅にあわせて生活をくみたてることは可能だしまた必要である。その生活が慣習化すれば、それがある時代のひとつの住様式として安定する。習慣や生活における型の意味は、たぶんひとが日ごろ意識している以上に大きいのである。家族構成の変化や設備の更新に対応する微調整はいつも必要だが、もともと民家というのは生活におけるマンネリズムを前提にしている。

たぶんつねにあたらしさをもとめる建築家は、行為としての日常生活と意識としての日常性とを混同しているのである。日常性を排するために、さかんに形に凝る建築家がいるが、退屈、惰性といった日常性への頽落をくいとめるのは、個人あるいは家族の生活態度の問題であって、住宅の形の責任ではない。住宅が責任をもたなければならないのは、日常生活にである。あるべきもの、あるべき空間があるべきところにあり、便利で使いやすく、毎日確実にやってくる日常生活の必要に的確に対応できる形、広さ、設備をそなえていることが、すくなくとも必要条件である。それに平凡でしかも飽きのこない、洗練された内外のデザインがあれば十分であろう。平凡であることは大切だ。日常性を排除しようとして奇抜な姿の住宅をつくってみても、そんなものはすぐにまた日常性になってしまう。そして奇抜なものが日常化するのは、平凡なものが日常化するよりも、はるかにしまつがわるい。

ともかくこの家は平凡そのものだが、日常不満を感じたことはない。私ばかりではない。主婦は一般に住宅についてはきびしい批判者で、まして設計者が夫だったりするとなおさらだが、妻もおおむね満足だったようだ。それはこの家自身もだろうが、n・LD・Kという平凡な型への満足だったとおもう。ただ自分のへや(家事コーナー)がないのは不満だったようだが、しばらくすると長男が大学生になって家をでたので、それを自分のへやにしてこれは解決した。

私がもっぱら理屈を優先させて、こういう平凡な家をためらうことなく建てることができたのは、

図39　外観(出典：北海道新聞，1983年12月4日記事)

私がデザイナーの看板をかかげていなかったからだろう。自宅や近親者の家は、デザイナーが名をあげる絶好の場だ。その場合住みごこちはしばしば犠牲になる。デザイナーたることもまたつらいわけだが、私には幸か不幸かそういうふうに意気ごむ必要はなかった。できあがった住宅は「味もそっけもない」という形容がぴったりという感じになったが、私は「そっけないが味がある」とひそかに自負していた。

ただ自分たちが年をとって、子供と同居することになるといったときのことは考えていなかった。だから住宅も、規模の制約もあったが、核家族のすみかとしてだけ考えた。老後のことはまったく考えなかったわけではない。妻とは老後は子供の世話にはならないということを話しあっていた。けれども今からおもうとそれは漠然とした期待であって、実際にひとりになった今では、はたして子供の世話にならずにすむかどうか、心もとない気がしている。もし将来(それもそう遠くないはずだ)、この家に子供の家族といっしょに住むことになるとしたら、自分はどのへやに住むことになるか。たぶん地下室ではないかとおもう。

引っ越ししての最初の印象は、なんとひろい家かということだった。こんなひろい家にすんでいいのかという、れいの昭和一桁世代のうしろめたさが鼻先のあたりをかすめた。一階はほとんどが居間兼食事の集まりべやで、約二四畳、端から端まで一〇メートルある。一方の端にたつと、むこうの壁のカレンダーの文字がかすんでみえるのが豪華な気分になったものだ。もっともこの感じは二、三年住むうちになれてしまい、別にひろいともおもわなくなった。まあこんなものかという感じである。

ということは逆にいうと、人間はせまいほうにもいくらでも慣れることができるということで、規模の基準というものが必要なゆえんである。

ある時期からは事情があって、この三六坪(地下室をいれると五四坪)の家にひとりですんでいた。ひろいのはけっこうだが、掃除がめんどうである。月にいちどほど家政婦さんにきてもらって、掃除だけしてもらっていた。月にいちどでもきちんと掃除をすれば、あとは週にいっぺんまるく掃くぐらいでいいだろうというつもりだったが、結局月にそのいちどだけの掃除になってしまった。ひろい家でひとりぐらしのバチがあたったのか、いまは1LK一〇坪のアパートぐらしをしている。それでもさすがにひとりぐらしには、十分とはいえないが、まあむりはない。

広い集まりべや

大きなへやを一室はつくるという方針にしたがって、一階は玄関、階段、便所、台所のほかは全部集まりべやにあてた。面積にして二四畳ぐらいになる。このうち八畳は和室で、たまに泊まり客があるとふすまをたててふとんをしいて寝室になる。ふだんはできるだけへやをひろくつかうために、ふすまは袖壁のなかにしまう。ふすまはベニヤのフラッシュに布ばりしたもので、しめきるとそうとうの遮音力がある。この客間方式はうまくいったようにおもう。

居間には前の家からもってきた二人用の手づくりのソファとホームごたつをおいた。夏はそのままテーブルになる。ちょっと風格にかけるので、いずれもっとりっぱな机をとおもっているうちに十数年たって、もうこれでいいという気になってきた。冬はもちろんこたつとしてつかう。これがいい。まえにもいったように、もちろん北海道の冬はこたつだけではすごせないから、まどの下に温水暖房のパネルがしかけてある。こたつは補助暖房なので、補助暖房であるかぎり実に快適なのである。それに体力のない私はテレビでも本でも、横になって脇の下に座ぶとんをまるめていれて片手で頭をささえている姿勢をいちばんこのむのである。

家族の集まりのためには大げさな応接セットはおかぬこと、いすと座ぶとんを併用するという方針はだいたい計算どおりだった。

図40　手づくりのソファ

ところが接客のほうはうまくいったとはいいがたい。学生が十数人やってくると、無礼講でみんな車座になってすわるからいい。居間にはいりきらないと畳のへやまであふれていくのも予定どおりだ。

わずかだが気持ちにひっかかりを生む一種の心理劇が演じられるのは、ふつうの来客のときである。非常にしたしいとはいえないが、そうかといってしらないわけではない客があるとする。和室で座卓をはさんで正座してむきあうほどの客でもないので、私は居間にはいってもらって、まずソファにすわることをすすめる。手づくりだがすわり心地には自信があるし、ズボンの折り目なんかへの配慮もある。私のほうがソファで相手が座ぶとんというのも、文字どおり「高いところ」からむかえるわけで、これは気がさす。ところが相手がソファでこちらが座ぶとんというのも、立場が逆になって、むこうが気になるらしい。両方とも座ぶとんのほうがかえって落ちつくようで、はじめからそれを宣言してすわるひともいる。いすと座ぶとんの併存を私はもっぱら美学的にみて問題なしと考えてきたのだが、心理的にはすんなりとはいかないようだ。考えてみればあたり前かもしれない。家族のあつまりあるいは家族なみにしたしいひとの応対とふつうの接客とはやはりべつのものである。ふつうの客はむしろ形式を尊重して、応接セットにしばりつけるほうが、心理的には解放されるらしい。家族のあつまりの形式否定と接客の形式尊重を、ひとつのへやでうまくやろうとするのは、どっちにしたって大したことではないが、やはり多少ともむりがともなうのかもしれない。どちらを大事にするかとなると、家の事情でかわるだろうが、わが家では圧倒的にながい家族の生活をとったわけで、それはそれでよかったとおもっている。

面積がゆるせば、応接セットをおいた接客コーナーでもあればこのことは解決する。ことに冬のながい北海道では友だちをまねいて交歓することは、冬の上手なたのしみ方のひとつだ。そればかりではない。こういう「サロン」が生活様式のひとつとして定着すれば、それは独特の文化をそだてるゆたかな土壌になるだろう。家族用と接客用のデュアル・リビング(二重居間)などは、北海道では温暖地以上に有用であろう。

個室とベッド

あつまりべやとは逆に、個室はちいさくていいというのが私の考えだった。もちろん大きいにこしたことはないけれども、どのみち全体の規模はかぎられているし、それなら集まりべやをできるだけ大きくし、個室は必要最小限にというわけである。一階を全部集まりべやにあてたので、個室はみな二階にいき、おまけにふろ、洗面、洗濯まで二階にきたので、個室はいやでも最小限になってしまった。子供べやはひとつが五畳ほど、ひとつが八畳をふたつにわった長四畳、これに物入れ、本棚がつく。八畳のあと半分の四畳は私の書斎。夫婦寝室は七畳半ぐらいで、これにつくりつけのたんすが二間と深さ三尺の押し入れが一間半。これがすべて南面して大きな窓をもつ。広さに不足を感じたことはない。

家族全員をベッドにするのは躊躇がなかったわけではない。ベッドというのは万年床の合理化である。私は自分が学生のとき万年床派だったくせに、というよりそのせいで、万年床はさけたいとおもっていた。子供には毎日きちんとふとんをあげる習慣をつけさせたかった。けれども、子供のベッド寝がほとんどふつうになってきている現在、そういう習慣を強制するのはむりだった。妻はふとんのあげおろしの手間にうんざりして、はじめからベッドを主張した。考えてみればあたりまえである。私のは身勝手な観念論にすぎなかった。子供たちのへやは万年床どころか、たちまち床面もみえないくらいちらかってしまったし、万年床としてのベッドをいちばん活用したのは結局私だった。

高校生と中学生になっていたふたりの息子には個室をつくった。私は以前、個室は子供が非行にはしる大きな原因だという説をきいたことがある。けれども小学校にはいったばかりの子供に個室をあたえるのは、東京あたりのそれも一部のひとたちの異常な受験競争のせいではなかろうか。私の見聞の範囲では札幌でも奈良でも、テレビでみるようななんともすさまじい受験戦争、塾がよいはあまりなかったようにおもう。個室はそういう親の子供にたいする態度からでてくるもので、むしろ親のほうが個室に子供をとじこめ、家族生活に背をむけさせているのだろう。そんな家庭生活からは、子供が非行にはしるのはかんたんである。

中学生ぐらいになれば、やはり個室あるいは個人のコーナーはあったほうがいい。自我がめばえると孤独の時間をもとめ、また反抗的にもなる。それは大人への通過儀礼で、おさえこんでも意味がない。

非行などというものはいろんな原因でおこるもので、とくに家のつくりなどとは関係はないとおもうけれども、個室のことでいうと、個室のあるなしよりも、むしろ家族生活のあり方、つまり集まりべやでの生活のあり方のほうが問題なのではないか。あたたかい家族の集まりの生活があれば、子供は食事がすんでもなかなか自室にひきあげず、親のほうがやきもきするようになるだろう。そういう家族生活があって個室が生きるのである。

書　斎

書斎というものにはなんとなくあこがれていたが、同時に自分には縁のないしろものという感じもあった。だいたい私の書斎のイメージは、東大法学部の某教授は本を買うときおなじものを三冊買い、大学の研究室、自宅の書斎、別荘の書斎にそれぞれ一冊おくのだといったゴシップや、有名作家が天井までとどく壁一面の本棚を背にして、紫檀かなんかの大きな座卓で執筆している写真などからつくられていた。「明窓浄机」などという言葉もある。そんなことからなおさら縁がないとおもっていたわけだ。それに私自身へやにとじこもって仕事に精をだすというほうではない。学校の研究室でたいていのことはできる。けれどもまた家でとにかくかたづけなければならぬ仕事もないわけではない。それで最小限の書斎らしきものをつくった。上記の二階の八畳を半分にした長四畳はまあ必要最小限といっていい書斎である。幅六〇センチ、長さ一八〇センチの手製の机をおき、さらに六〇×九〇センチのこわれかけた木の机をおいて、これをワープロの台にした。うしろの壁に本棚をたてかけると、あいだはいすがやっとおけるくらいの細ながいすきましかのこらない。ながい机はよんだりかいたりのつもりだったが、かく作業は手紙のほかはもっぱらワープロにたよるようになり、本やがらくたの置場になってしまった。窓は大きくあかるい明窓だが浄机どころではない。

それでもこの椅子にすわるとふしぎに気持ちがおちついた。

仕上げなしのブロック壁

ブロックやコンクリート造で外断熱をした場合にやっかいなのが外壁の仕上げである。断熱性能からいうと、仕上げをせずに断熱材がむきだしでもかまわない。しかしなにかがとんできてこわれることもあるだろうし、紫外線による劣化もある。第一美的でない。木の下地をくんで、モルタルかサイディングの仕上げを考えたが、それでも木造の壁体をつくるぐらい費用がかかるという。それなら薄手のブロックでもたいして値段はかわらぬそうだ。そこで二重ブロックを採用した。一五センチの構造ブロックの上に一〇センチのスタイロフォームをはり、二センチほどの通気のための隙間をとって一〇センチの仕上げのブロック。壁厚は四〇センチちかくになる。

図 41　壁の仕上げ（出典：北海道新聞，1983 年 12 月 4 日記事）

壁の仕上げは内外とも素地のまま。外壁が素地のブロックというのは私はすきだったから迷わなかった。しかし内壁のブロックそのままというのには躊躇した。外壁ははなれて見るからいいが、内壁は一メートルぐらいのところからみる。便所などでは三〇センチほどのところに壁がくる。そんなものに毎日とりまかれてくらすのはかなわんだろうという不安があった。友人が設計したやはり二重ブロックの家をみせてもらった。この家では外はブロックむきだしだが、内部はブロックに直接ペンキをぬっていた。このペンキには感心しなかった。私はさしあたりは内部も素地のままで、金ができたらモルタルをぬって壁紙でもはることにしようとおもった。

できてみると、内壁のブロックむきだしというのはすっかり気にいった。しぶいし、それにまわりが全部ブロックになるわけではない。実際には棚その他の家具でおおわれる部分がけっこう大きい。布ばりのふすまとのコントラストもわるくない。今では壁紙をはることなど毛頭考えていない。工事のために墨で数字をかきこんだブロックが、字がちゃんときえずにそのままつかわれていたりするが、それもわるくない。釘うちもできるし、ぬいたあともめだたない。

図42 庇がわりのバルコニー

バルコニー

二階には木造で六〇センチほどの浅いバルコニーをつけた。わたしは北海道の住宅にはバルコニーは不要と考えている(アパートは別だ)。第一に冬にはつかえない。第二に庇がふかくなるので、せっかくの日照がけられる。もともとバルコニーは南方系のものだ。第三に一階の屋根にのせたバルコニーをよくみかけるが、あれは屋根をいためる。しかしわが家の場合は必要だとおもった。まず最小限の庇が必要だ。夏日光がはいりこむと、外側が断熱されたブロックが蓄熱体になるだけにやっかいである。そこで夏の真昼の日照がさえぎられるほどのあさいバルコニーをつけて、一階の窓の庇がわりにする。それに南の窓をできるだけ大きくしたかったので、二階も一階と同じ窓にした。窓台を床から四〇センチほどにして窓高は一八〇センチ。これだと二階はバルコニーがないと窓からおっこちる危険がある。バルコニーはコンクリートの床板をそのままバルコニーとしてつきだすと、そこで外壁の断熱材がきられるので、梁をつきだして、その上に目すかしの板ばりのバルコニーをつくった。つきでた梁の部分は断熱材はきられるが、その断面積は、連続した床板がつづくのにくらべるとはるかに小さい。実際にあとで内側から壁体の温度をはかったら、ほかのところと差はなかった。

居室は全部南面させ、窓はブロック造という構造でゆるされるかぎりの大きな窓とした。札幌あた

図43　断熱戸(出典：図41に同じ)

図44　太陽が照りつける真冬のようす

りでは、二重ガラスのはめころしの窓だと、ひと冬をとおしての熱の収支(昼間日照をうけ、夜は熱を放散するその差)はプラスになるというデータがある。このうえに断熱戸をつけた。窓の大きさと壁の長さを計算して障子式の断熱戸が、昼間はうまく壁のなかにおさまるようにした。断熱戸の効果は劇的だった。真冬の昼ごろは天気のよい日は、太陽が真正面から照りつける感じになる。これが木造だと熱容量が小さいから、へやの温度は三〇度くらいまであがり、夕方になるとたちまちさがる。この家では暖房をきったへやの温度は二五度くらい。その分熱がブロックにたくわえられているわけである。それで夜断熱戸をしめていると、外がマイナス一〇度ぐらいになっても、暖房をきったままで朝方一八度はくだらない。北側の廊下や便所は暖房をしていないが、居室より多少低くなる程度で、寒いというほどではない。

地下室

フランス人の住宅のイメージは三層構成をしているといわれる。ふつうに日常生活をいとなむ場のほかに、地下室。これはものをたくわえる場で生活の豊かさをあらわす。もうひとつは屋根裏べやで、これは家族がめいめいすきなことをする夢の空間。三階建てということではない。日本の伝統的な住宅は単層構成か、せいぜい二層構成だろう。日常生活の場のほかに蔵があって、これが豊かさをあらわしていた。地下室は湿潤の気候と木造の構造がこれをつくりにくくした。このごろでは昔のような土蔵もなくなり、郊外住宅などでは、玄関先に畳一枚分ぐらいのひろさのスチールの物置をよくみかけるが、これなどは豊かさどころか、まずしさの象徴にみえる。

屋根裏は和小屋(日本古来の屋根小屋組みで、短い垂直材の束を立てて組む)の構造からして、束が林立するから、ちょっとした物置ぐらいにしかつかえない。ドーデーの戯曲「アルルの女」で、アルルに住むあばずれ女をわすれられないフレデリは夜ひとり屋根裏べやにあがって、そこからアルルの町の灯をながめるが、日本なら二階の窓の手すりによりかかってため息をつくというところか。この三層構成は、ながいあいだかかってゆたかな住文化をつくってきたフランスらしい住宅のイメージだが、こういう場を日本でつくろうとおもったら、さしづめ地下室と屋上だろう。屋上は家の外だが、このごろ都市ではほとんど不可能になってきた、完全にプライバシーのあ

図45 地下室の食品庫

る庭をつくることができる。

もっともフランスでもこの三層構成はしだいにくずれてきているらしい。統計では新築住宅で地下室、屋根裏べやのない家がふえてきている。工場生産の建売住宅がふえているせいかもしれない。反対にむしろ北海道などでは、最近は和小屋でなく、垂木構造にして束をつかわないものがふえてきたから、屋根裏利用もすすんでいる。

さて、わが家の地下室だが、一階の床が地盤から一メートルほどあがっている。札幌での地盤の凍結深度は六〇センチで、基礎にそれだけのふかさが必要だから、さらに四〇センチ基礎をふかくすれば天井高二メートルの地下室ができてしまう。地下水のことも考え、床にもコンクリートをうって、天井高二メートルの、あたまぎりぎりの地下室にした。ほんとはもっと高くしたかったが、費用を考えたのである。一階の間どりにしたがって地下の壁ができるが、八畳の物置、四畳のボイラー室兼ごみ焼き用のストーブ置き場、食品庫のほかは一六畳の「余裕室」ができた。この余裕室をどうつかうか。

実はなんにもつかわなかった。文字どおり「余裕室」にしていた。学生が大勢きたときには有効なスペースだったが、年中くるわけではない。夏の休日にせまい書斎で屈託したときなど、地下室におりてひとりねころんでいると、ひどくゆたかな気分になった。つかい方といえば、いちばんぜいたくなつかい方だったろう。

最初私はここを「夢の空間」にしようとおもっていた。冬にはあきらめるほかない日曜大工の仕事

図46　地下室の集まりべや(余裕室)

場、外に音のもれないリスニング・ルームなどの夢をえがいていた。けれども実際に考えてみると、日曜大工と他の用途は両立しない。おがくず、かんなくずでいっぱいになって、音楽に耳をかたむけるような気分にはむかない。リスニング・ルームというのも、私は音楽はきらいではないけれども、大音響をたのしんだり、アンプはどこの会社のなにをというほど「音」のマニアではない。結局つかい方を固定せずに、というよりきめかねて、本棚を自分でつくって本を収容したほかは、ただ一六畳のひろい空間をほうっておくことになったが、これが正解だったようである。なににでもつかえるということはなんにもつかえないことだとよくいわれるが、この場合はなににでもつかえるという「可能性」が、たとえつかわなくてもゆたかな気分にしてくれた。文字どおり「夢の空間」になったわけだ。ついでだがいま私は墓をつくる必要にせまられていて、いろいろに考えているが、ローマのカタコンブみたいに地下室の片隅を墓にしようかとも考えている。もちろん骨のあつかいは別にする。

地下室をつくったひとの話をきいてみると、せっかくつくってもつかい道がないという声が多いようだ。想像力の不足である。なにも「有効利用」してやろうとガツガツすることはない。

完成しない住宅

この家は実は未完成である。もっとも家づくりのどこを完成というかはむずかしいところだが、わが家の場合は予定がありながらそれがいまだにできていないのである。

食器戸棚が四〇センチばかりとびだしており、これにつづけて居間の壁ぞいにおなじふかさの棚を、これは自分でつくるつもりでいた。出来ばえについても、ソファなどの実績から十分成算があった。ただすぐにはできないので、さしあたりひとからもらってずっとつかってきた本棚とステレオのスピーカーをおいた。それがそのまま二〇年たってしまった。二階の洗面所の石鹸、洗剤などをいれる戸棚も同様である。今となっては自分でつくる元気もそのつもりもない。子供が所帯をもつようになれば自分で考えるだろうが、たぶんこのままだろうという気がする。それにひらきなおっていうと、家づくりにはそもそも完成ということはないといってよい。

この家で私は一五年すごした。住みごこち、つかい勝手はおおむね予想したとおりでとくに不満を感じることはなかった。大いに満足だったといってもいい。こういう家のつくり方はだれにでもできるとはおもわないし、一般のこととしてこれが理想的な家のつくり方だともおもわないが、いろいろ考えてつくっただけに、愛着がある。

私はいまいろんな事情で京都の賃貸アパートでひとりぐらしをしている。札幌の家は下の子供がひとりで住んでいる。これを売って京都に家を買いかえることも考えたが、規模、場所ともずっと不便になるにきまっているし、そうすると荷物はいらないだろうし、なにより引っ越しの面倒がやりきれない。わが家のライフ・サイクルのなかで、ささやかながら波瀾にとんだ時期をすごしただけに愛着もおおきい。家計にむりがかかることは承知のうえで遊ばせている。ただ夏には京都の猛暑をさけてここですごすことにしている。ささやかな(身分不相応な?)ぜいたくである。

七　フランスのアパートなど

リール街のアパート

私はわかいころフランスで約一年をすごした。ほかの国でも都市、農村の住宅をみる機会があった。そのこと自身は別にめずらしいことではないし、とおりすがりに垣間みたていどのものがほとんどだが、日本の各地でみた住宅にくらべるといろいろ興味をかきたてられることが多かった。単に日本の伝統的な住宅との比較でなく、そこに北海道の住宅という中間項をいれると興味がひろがるのである。

私は一九六一年の七月から六二年の六月までフランスでくらした。そのうち八か月はパリの家庭に下宿したので、フランス人の住生活を若干のぞきみることができた。東洋語学校の日本語科の学生に日本語をおしえるという条件で、七区の古いアパートに月五〇フラン(当時のレートで約三五〇〇円)で住むことになったのである。五〇フランというのはシーツなどの洗濯、へやの掃除、電気、暖房代などで、へや代はただということだった。食事は外。母ひとり子ひとりの典型的な小ブルジョアの家庭である。この家に住むことになったのは、その前にしばらくいた大学都市の日本館の館長のK氏の

図47　リール街のアパート

紹介である。そんなことでもなければ、パリに住んでいきなりこういう家に住みこむことはむずかしい。

七区というのは国会があり、ちかくには文部省、公共事業省、外務省などの官庁がおおく、現在は七区全体が保存街区に指定されている典雅な街である。一〇〇メートルほどのところには、いまは美術館に改造されているオルセー駅があった。町並みは中庭をかこむアパートがならぶ典型的なふるいパリの町並みである。道路から中庭にはいり、そこから中庭に面したいくつかの入り口にはいり、そこからさらに階段をとおってそれぞれの住戸にいくのである。建物はおおむね六階。

私が住んだアパートは、道路から中庭にはいる扉の上の壁に、

ポール・アンベールとその息子が一九〇七年にたてる。

詩人アンドレ・フーロン・ド・ヴォー（一八七五年ノワイヨン生まれ）

一九五一年一二月一八日この家で死亡

と彫ってある。

私が住んだ一階のプランは図48のようなものだった。中庭に面した大きなダイニング・キチンが家族生活の中心で、したしい客はここで応対していた。ダイニング・キチンで家族生活をまかなうのは

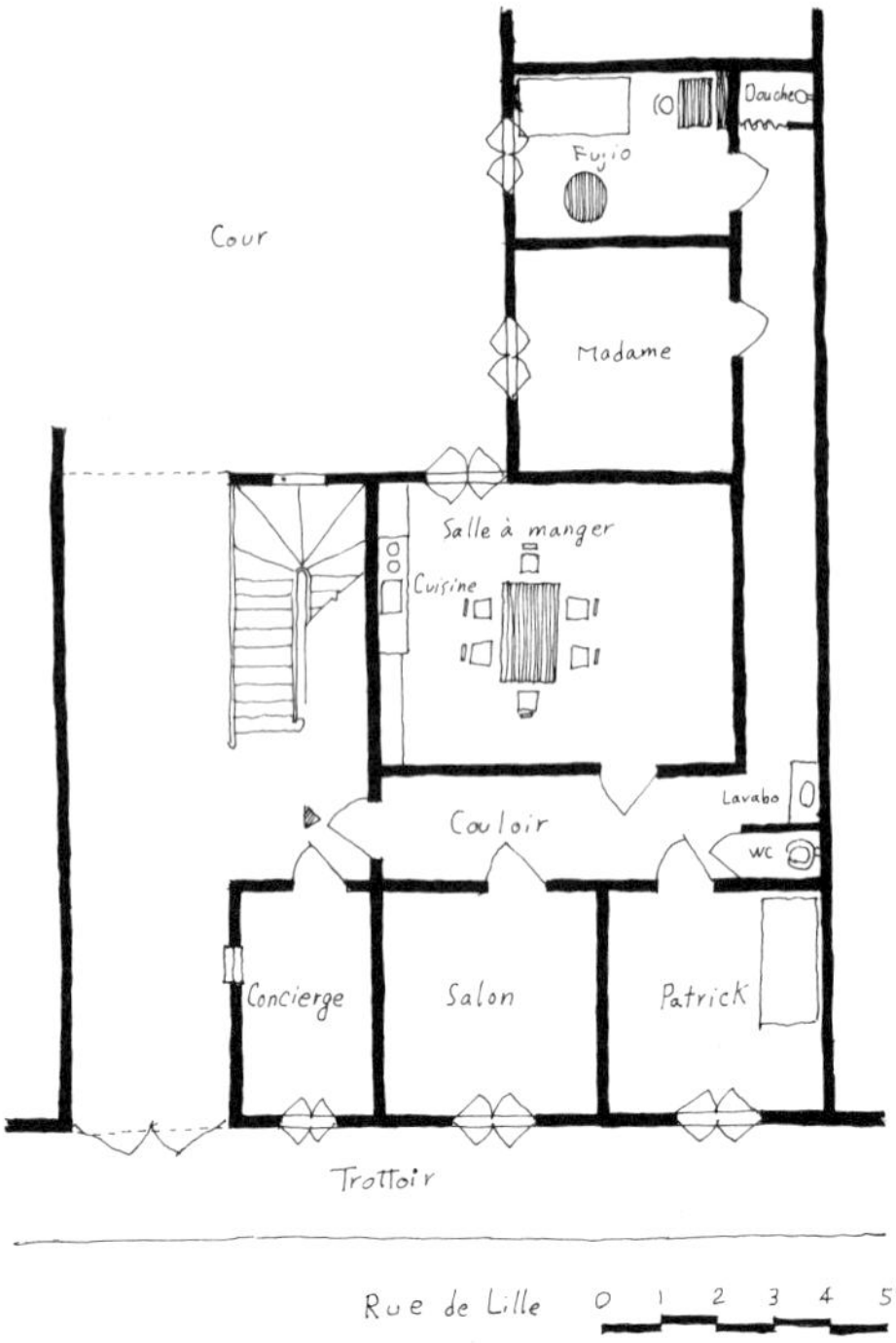

図48　1階のプラン

もともと農村の生活様式で、現代ではたいていDKのほかに居間兼食事室をもっている。この家ももとは廊下をへだてた、入り口をはいったすぐ右のへやがそれだったが、私が住んでいたころはいつも窓はしめきられて、つかわれるのをみたことがなかった。両親は離婚して母と息子のふたりぐらしで、ふだん大がかりな客をするほどのつきあいはなかったのかもしれない。

現在のパリの、あるいはフランスのアパートは一九世紀のブルジョアジーのアパートが原型になっているといわれる。その典型は、玄関扉をあけるとまずひろい「控えの間」があり、大きなサロン、食事室がつづき、寝室、化粧室がある。大きなアパートは二層、三層にわたるものもあり、その場合は私室は上階におくことになる。私の住むことになったアパートはそれほどりっぱなものではなかったが、控えの間にあたるひろい廊下があり、サロンをそなえ、ふるいブルジョア・アパートの形をのこしていた。

息子のPには霊長類学者の兄がいていまアメリカにいるということで、その空きべやに私がおいてもらった。母子家庭といってもまずしいわけではない。マダムは目が不自由でいつも家にいたが、地方の都市にも不動産などをもっていて、そんな収入で、ゆたかでないにしても不自由なくらしているようだった。私のへやは廊下のいちばん奥で八畳ほどの大きさ。隣がマダムのへやで、これはなかをのぞいたことはない。最初の日に、自分は目が不自由なだけ耳が敏感なので、騒音は苦手だからしずかにくらしてくれといわれた。その前にでていた地方の大学の語学の研修コースでは、日本というと日本のアメリカニゼーションがよく話題になった。誇り高いフランスとしては、たぶん自国のアメリカ化もふくめてこれはおもしろくないことだったのだろう。私には日本のアメリカ化を過度にうけとっているように思えたが、それはこちらが慣れてしまっていたためで、案外かれらは実情を正確にとらえていたのかもしれない。マダムにしても、アメリカかぶれした日本人に、隣のへやでロックンロールでもやられてはたまらぬとおもったのだろう。まだ私をしらぬマダムとしては当然の注文だったのだろうが、むろん私はそんな元気も才気もある男ではない。

隣のへやの音がつつぬけなのは、日本ではふつうのことだが、あつい石の壁でできたヨーロッパの家でも、もちろん遮音性能は日本の家とはくらべものにならぬが、完全ではない。石造のアパートでは家と家とのあいだの壁も、間仕切り壁とおなじことが多いから、しずかにくらすことは、ヨーロッパでも社会的作法のひとつだ。もっとも友人のTさんは真上の階に住んでいる女友だちに、朝天井を棒でつついておこしてくれるようにたのまれているのだといっていた。ふるいアパートは、壁は石でも床は木造だし、それが直接音をだすから、左右の隣よりも上下の隣のほうが音がよくひびく。映画「ガス灯」ではイングリット・バーグマンのへやから、上の階のものおきでシャルル・ボワイエが宝石をさがす足音がきこえる。舞台はガス灯と馬車の時代のロンドンで、あのアパートも、建物の構造はこのアパートとそれほどちがわないだろう。それでも私は、騒音を感じたことはいちどもなかったし、自分のへやの上の階にどんな家族がすんでいるのかしらずにおわった。映画のように足音がきこえるのは、私にはふしぎである。

息子のPのへやは、道路に面した一〇畳以上もある大きなへやで、質素なベッド、机、スタンド。ここで毎日二時間日本語のレッスンをした。朝一時間と夜一時間のレッスンはかなりこたえた。実際にはこっちがフランス語をおそわっていたわけだが、これまで気がつかなかった日本語の特徴を指摘されてなるほどとおもうことも多かった。日本語の本は文章のどこででも行がかわるのがふしぎな気がするとか、「見つめあう」「おもい知る」というように、動詞をかさねてつかうのがとてもゆたかな表現におもえるといった指摘はいまでもおぼえている。

部屋と掃除

私のへやは八畳ほどの大きさで、石敷の小さな中庭に面していた。窓は幅九〇センチほどの縦長の窓がひとつ。中庭に面した六階建ての一階には、南むきのへやでも秋から春にかけては一日中日がさしこむことはない。昼でもへやは薄ぐらく、本をよむときは昼でも電灯をつけていた。レースのカーテンがあり、窓は内びらきで、あけるときにはカーテンをあけなければならない。中庭は別のアパートへの入り口への通路にもなっているから、夏などは窓をあけたままで、外の視線をさえぎりたいことがある。そのためには外びらきの鎧戸がある。これはかならずある。雨戸ではない。あれだけ高密度にひとが住んでいたら、プライバシーをまもるためには必要な設備なのだろう。ちょうど日本の町家の道路沿いの縦格子とおなじである。ただ私は秋から春にかけて住んだので、窓をあけたままにすることはなかった。

こういう閉鎖的でうすぐらい室内の雰囲気は日本のふるい町家に似ているが、日本の町家のほうがはるかに開放的だ。やはり小さくても庭があり、ふすまなどの可動間仕切りでへやがひろくつかえるせいである。うすぐらいのは高密度に住もうとおもったらやむをえないが、こういうへやに住んでいると、コルビュジエが太陽と空気と緑をもとめて住居概念の変革をくわだてた気持ちもわかる気がした。けれども空間だけあれば住めるというものではないようだ。このＣＩＡＭ(Congrès Internationaux d'Architecture Moderne：近代建築国際会議)の考え方が「近隣の生活」を解体してしまうということは、はやくから社会学者が指摘していた。最近では再開発も、古くからの道路ぞいの都市構造を維持しながら、建物だけを更新するというやり方が主流になっている。

へやにはベッド、勉強机といす、壁に小さなつくりつけの本棚、ほかに応接用か、まるいテーブルがあった。ベッドは幅一メートル二〇ぐらいの大きなもの。フランスではベッドといえばダブル・ベ

図49　コルビュジェ設計のユニテ（フランス，ナント）

ッドが基本なのらしい。ここで私はベッド・メーキングのやり方をおぼえた。シーツ二枚と毛布をかさねておいて、これをいっしょにマットの下におりこむ。二枚のシーツの間にもぐりこんで寝るわけだが、メークしたてのときは、シーツのあいだをこじあけてもぐりこむという感じで、体がしめつけられるようで快適ではなかった。三日目ぐらいからちょうどよくなる。いまでも私はホテルでは毛布をすこしゆるめてねることにしている。

このベッド・メーキングは、相当の訓練が必要らしく、私もいちどやってみたがうまくいかなかった。こつがあるらしい。いつもマダムが週にいっぺん、シーツのとりかえのときにやってくれた。

掃除もマダムがやってくれた。たまたま掃除の最中にかえってきてその様子を目にしたことがある。大きな掃除機を片手にもって机やいすの脚をよけながら、ベッドの下までていねいに掃除をしていた。大変な作業だという気がした。ずっと後のことになるが、わが家ではベッドの下まではしなかった。ベッドがひくくて掃除機の先がはいらないということもあるが、それ以来私は家事作業からみて、ベッドのほうがふとんより楽だという通説をうたがっている。ベッドは万年床の合理化で、ねる場所をつくるという点からだけ考えると、あげおろしするふとんより楽かもしれないが、掃除を考えるとどうだろうか。万年床にしたところで、ふとんをそのままにしてまわりだけ掃除するというのも妙なものだし、それならあげてしまうほうが簡単だ。ベッドにしたおかげで楽になったという家は、清潔さを犠牲にしているのではないかという気がする。

暖房、シャワー

私のへやは、暖房はへやの隅に直径五センチほどの鉄のパイプが縦に一本とおっているだけの温水暖房だった。最初の日に暖房のことをきくと、マダムは十分あったかいといったが、真冬になって外の気温がマイナス五度ぐらいになると、さすがにさむかった。冬には毛布を一枚ふやしてもらった。こういう暖房がふつうだったかどうかはしらない。いまはちゃんとラジエーターがついているのがふつうだが、そのころは中産階級のふるいアパートではこんなのが多かったかもしれない。ホテルでも安いホテルは暖房がないという話をよくきいた。知人のMさんのホテルがちょうどそれで、いちど冬にたずねたら暖炉に紙のもえかすがたまっている。あんまりさむくて体がおかしくなりそうだったので、へやにあった電話帳をもやしたのだそうだ。

フランスでは五〇年代から六〇年代にかけてさかんに集合住宅がたてられたが、最近その改修が住宅問題の主要な課題のひとつになっている。そのなかで最大の課題は暖房設備の改善だそうだ。戦後しばらくはあたらしいアパートでも一、二室しか暖房していないのが多かったようだ。それでも私は、小さなガスストーブひとつの公団住宅からやってきて、ともかく暖房、給湯がそろっているのに感激した。バスはなく、シャワーだけ。

そのころフランス人は平均して月にいちどしか風呂にはいらないということをよみ、おどろいたことがあるが、シャワーはあびる。Ｐは毎日つかっていた。私のほうは週にいっぺんぐらいだった。そういう欲求を感じなかったのだ。日本では夏と冬は毎日か一日おき、春秋でも二、三日おきぐらいに風呂にはいっていた。なんとなく体にまとわりつくような湿気のおおい気候から、自然にはいりたくなるからだった。フランスではそういうことはなかった。からっとした気候のせいだ。のちに住むようになった札幌でもそうだった。そんな自然な要求にまかせたおかげで、ひどい目にあった。水虫にやられたのだ。風呂にはいらずに足だけあらうという習慣は私にはなく、その必要にも気がつかなかった。ねるときのほかはいつも靴下に靴まではいている。気がついたときにはそうとうひどいことになっており、それからは足だけは毎日あらうようになった。その習慣はいまでもつづいているが、水虫には日本にかえってからもながいあいだなやまされた。

フランス人(にかぎらぬだろうが)があまりふろにはいらないのは、気候のせいもあるだろうが、都市のアパート居住では二〇世紀はじめまで、上階の給水と排水がたいへんで今日のわれわれの想像を絶するものがあったようだ。それに裸になることの宗教的なタブーがかさなり、入浴の習慣はなかなか普及しなかったらしい。

近年はアパートも戸建住宅も、バスをそなえるのがふつうのようだ。トイレ、洗面所の個別化というか、夫婦用と子供用にわける複数化もすすんでいるという。マレー地区のふるいアパートをかった若夫婦は、二層の家の上階の窓のないへやを寝室にして、マットレスをベッドにし、その枕元に脚のあるバスタブをおいていた。ふるくて小さなアパートで、場所をつくるのも配管をするのも大変なのである。

仲間が集まってつくったいわゆる「コープ住宅」のなかの一軒で、寝室兼書斎のまんなかにバスタブを、これはおくのでなくはじめから固定してつくっているのをみた。生活をたのしむという考えが一段すすんだものといえようか。子供がいたりしたらやっかいだとおもわれるが、子供はつくらぬという方針かもしれない。

外と内

ある晩レッスンをしていると彼の友人が道路に面した窓からはいってきた。この友人はいつも窓からはいってきて玄関からでていくのだという。窓からはいるのはいいが、窓からでていくのはやっぱりあやしまれるだろう。それはともかく私は日本との住宅観念の違いを感じた。まずこれは靴のまま家にはいるという習慣と関係がある。まさか歩道に靴をぬいで窓からはいるなんてできない。第二に住宅はへやが独立した空間の単位なので、いったんへやをでたら家のなかの廊下も外の道路も似たようなものなのだ。このことは和辻哲郎が『風土』のなかで指摘している。ヨーロッパの住宅では、家のなかの廊下や玄関はそのまま道路や公園につながっている「外」なのであって、へやをでるときにはネクタイをしめてよそゆきの服装をするくらいの心がまえになるのだと。ただこれもすこし誇張なの

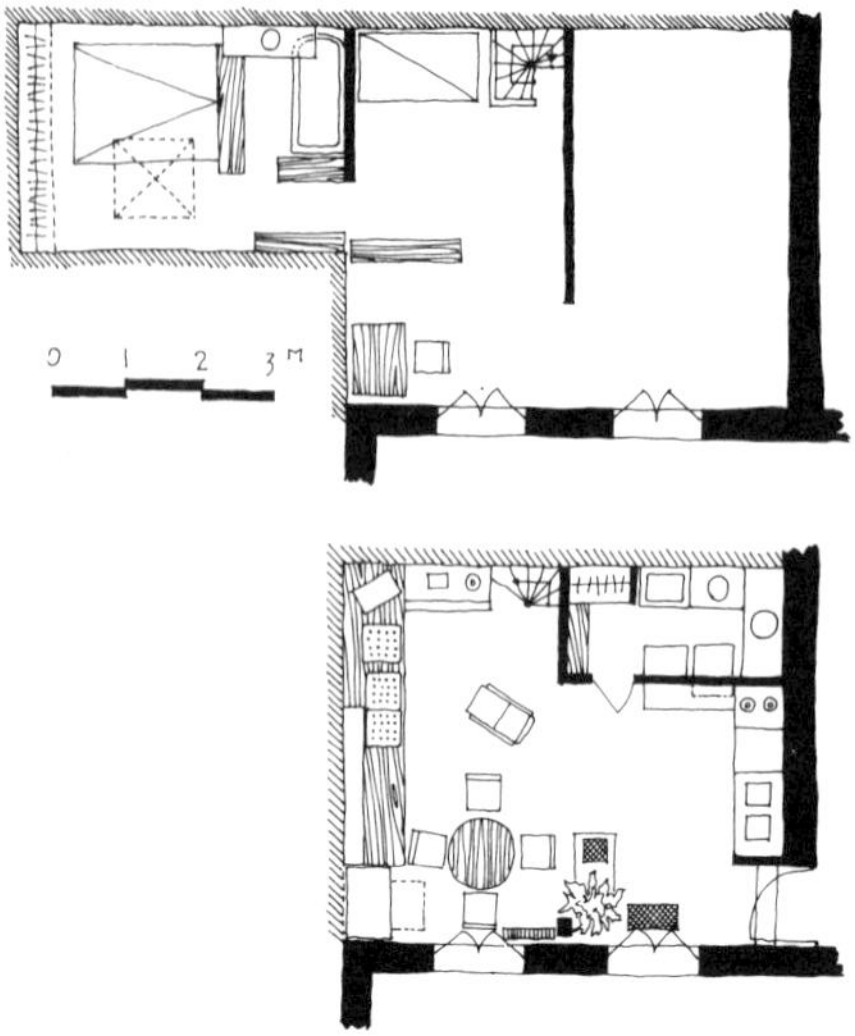

図50　マレー地区のアパート

で、息子のPは朝のレッスンに私が寝坊していると、パジャマのままで私のへやのドアをたたいて「八時五分前！」などとどなったものだ。彼は礼儀しらずではなかった。むしろ礼儀については関心が深く「これは日本では失礼にならぬか」といったことをよく話題にした。あるいは時代の違いがあるかもしれない。和辻がヨーロッパでくらしたのは一九二〇年代で私のは一九六〇年代である。それはともかく、住空間の性格のちがいはそのとおりだとおもう。

学生のとき私はずっと家庭の一へやをかりる下宿生活をしたが、フランスでも、はからずもおなじ形の下宿生活をしたわけだ。いちばん大きなちがいは、やはりほとんど完全に個人生活のプライバシーを保つことができたことだ。京都の下宿では音がつつぬけなのは当然として、これは家にもよるが、家族のひととの関係がどうしても生まれた。もちろんそれにはプラスもマイナスもある。パリの下宿では、息子のPとは土曜、日曜をのぞいて毎日顔をあわせたが、マダムとは、彼女が目がわるいためか、家の中でもあまりあるきまわらないせいもあって、顔をあわせることはすくなかった。Pの友人がきたときなどに、DKによばれてお茶とお

拝　啓

御無沙汰していますが、お元気のことと思います。

桂子がなくなって一年と三か月が過ぎ、ひとり暮らしにもだいぶ慣れてきました。(子供たちは二人とも家をでてしまいました。)

さて僕は最近、自分が方々で住んできた家の思い出を書こうとしていて、貴兄のリール街の家のことも書こうと思い、そのプランを思い出そうとしているのですが、だいたい思い出せても、細かいところが思い出せません。(どうしてプランを記録しておかなかったのか、ふしぎです。たぶん生活があまりに日常化していたからでしょう。)

同封したプランは僕の記憶にたよって描いたものですが、これを修正していただければ幸いです。(ことに洗面所、台所・食事室のあたりがよく思い出せません。)これは一九六一年から二年にかけての頃のものですが、もしその後大きな改造があれば、それも記入していただきたいと思います。家具も記憶の範囲で書き入れてもらえるとありがたく思います。またおおよその大きさ(床面積)も、わかったら教えて下さい。寸法も、図面があんまり大きく違っていたら、大体でけっこうですから、訂正していただけたら幸いです。

なお、モンマルトルの家についても、同じことをお願いします。大変めんどうなことをお願いして恐縮です。

僕は来年三月が定年で、北大をやめます。あとはまだはっきり決まっていませんが、たぶん京都に住んで、福山(広島県)の私立大学につとめることになると思います。大学の先輩に誘われ、一週間に二日いけばいいというのにひかれて、内諾しています。

桂子の追悼文集をつくったので同封します。これは子供たちが言い出してつくったもので、一周忌の集まりの代わりにしました。お暇の折によんでください。

どうぞお元気で

敬　具

P　様

一九九四年五月一五日　　足達富士夫

図51　Pへの手紙

菓子をごちそうになったことが数度あるくらいである。

へやが独立した空間の単位で、これがいくつか集まって家になる。日本の住宅がむしろ床面が分割されてへやができていくのと対照的である。前述のマレー地区のふるいアパートを買って中を改造してすんでいる若い夫婦の家は二層にまたがり、下階にひとへや、上階にひとへやの小さなアパートで、あいだの床に自分で穴をあけて、まわり階段をつけて階をつないでいる。これはたまたまこれだけのへやがうりにだされたのでそれを買ったのだ。ところが居間・食事室になっている下階の壁に扉のあとがあり、そこは木造壁でふさがれている。壁のむこうは隣のうちだ。つまりもとはもっと大きかったアパートが分割されて、その一部を買ってすんでいるのである。上の階も同様だったのだろう。ふたへやではせまいので、隣接のへやがうりにでるのをまっているが、なかなか出物がないという。あたらしいアパートではちがうだろうが、ふるいのでは住戸単位でなくへや単位で売買されているらしい。台所その他の設備はあたらしく自分でつける。

へやが住空間の単位になっているのは、家が小さなホテルみたいなものだということで、これは下宿人をおくのに都合がよい。どんなにおそくかえってても、家族のひとのめいわくになることはないし、食事どきにかえっても、食事中の居間をとおりぬけたりしておたがいに気まずい思いをしなくてすむ。最近の住宅のように、居間・食事室が家のなかの「交通中心」になって、そこから個室にいったり階段をあがったりするようになっていると、家族のプライバシーも下宿人のプライバシーもそこなわれる。これは日本、ヨーロッパをとわず、住宅が家族本位になってきたことのひとつのあらわれなのだろう。他人を同居させるとしても、食事もふくめて、ほとんど家族の一員としてあつかわなくてはうまくいかないだろう。ホームステイというやつだ。

一九六一年から六二年にかけて八か月ほど住んだ家を、その後私は外からしか見ていない。いちどたずねたことがあるが、そのときは息子のPはべつに所帯をかまえて、マダムがひとりですんでいた。私が住んでいたころから悪かった目は、もうほとんど見えないようで、家にははいらず、入り口であいさつするにとどまった。その後Pにたずねたところでは、やはり家のなかで若干の改造と住み方の変化があったようである。

私の住んでいたいちばん奥のへやはPの兄がかえってきて住んでいる。マダムはダイニング・キチンでねている。Pのへやは食事室になり、その後事務室に貸して四人の事務員がいたが、いまはまた食事室になっている。シャワー室はすこし拡張されてバスがはいった。造作としてはいくつかのへやの扉がガラス戸になったようだが、三〇年まえとまったくといっていいほどかわっていない。こうしてみると、日本の家のうつろいやすさと、ヨーロッパの家のかわらなさをあらためて感じる。

個室のこと——モンマルトルの家

フランス人の個人主義は有名である。フランス人自身が、世界中からそういう眼でみられていることを知っている。あるとき私のいっていた研究所の研究員が私を自宅に招待してくれたが、そのとき彼女は「フランスの個人主義について、認識をあらためてもらうために」とつけくわえた。ちょっと

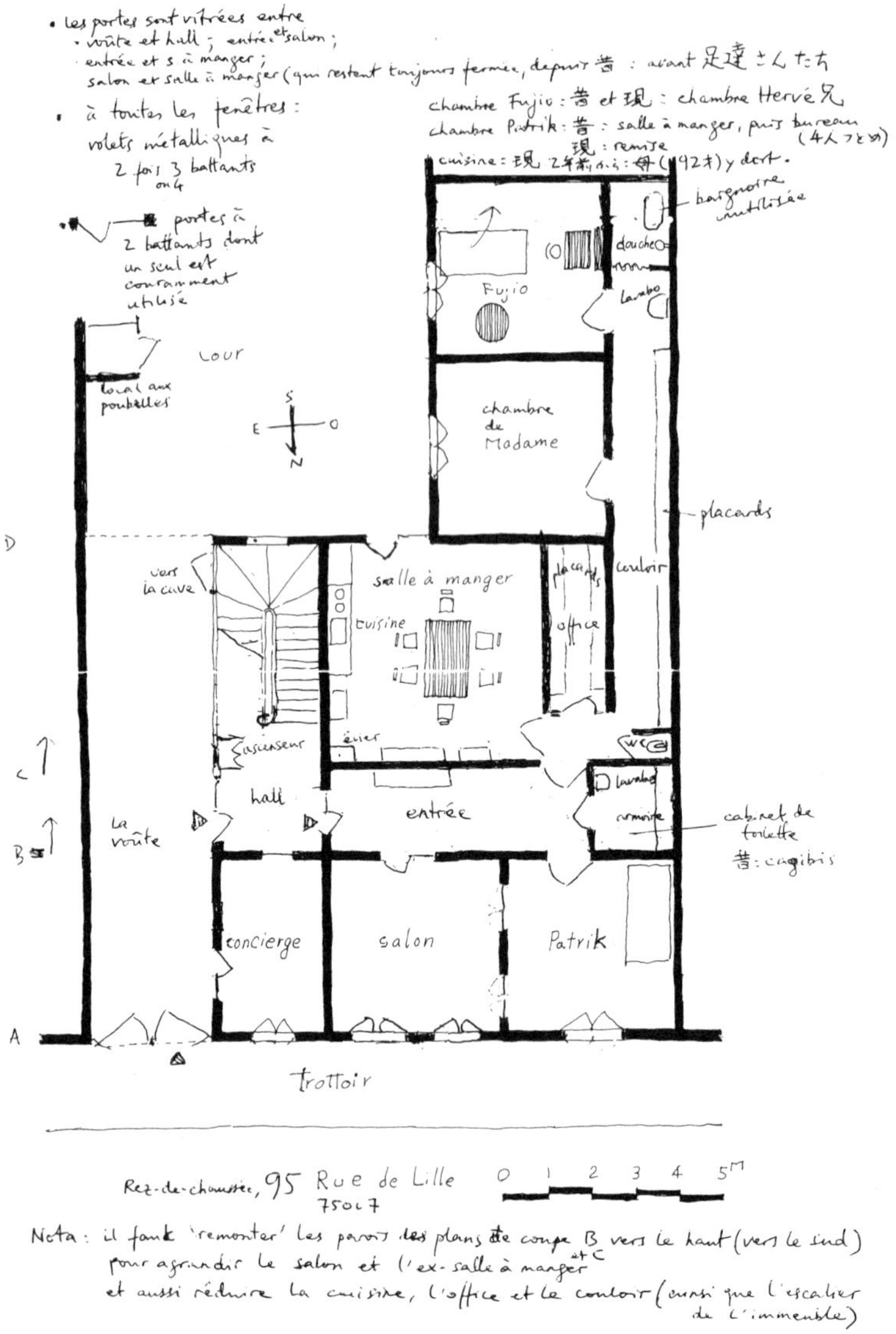

図52　Pが書いてよこした改造後のアパート

図53　モンマルトルのPの家。円テーブルの日本式生活スタイル

いいわけめいてきこえた。したしい友人でもないのに自宅をみせることはめったにないから、自分でもちょっと唐突な親切にたいするてれがあったのかもしれない。ともかくその個人主義を、私はいつのまにか住生活における個室主義におきかえていた。フランス人は子供のときから自分のへやをしっかりもっているのだと。その個室観を証明あるいは訂正するような経験をしたことがある。

　私が下宿していたうちのPは一〇年後にたずねると、モンマルトルの2DKの小さなアパートに、奥さんと三歳の男の子の三人で住んでいた。ぜひうちにとまれという。アパートはモンマルトルの丘の頂上ちかくにあって、南のDKの窓からはパリ市街が一目でみわたせ、北の窓からは目の前にサクレクール寺院がそびえている。エレベーターのないひどくふるぼけたアパートの五階で、おもい荷物をもってあがるのは大変だったが、窓からのながめはすばらしかった。まるいテーブルをかこんで夕食をしながら、自分をどこにねかせてくれるのかが気になっていた。寝室は六畳たらずの小さなへやと八畳ほどのとのふたつ。小さなほうのへやには子供のベッドが、大きいほうにはソファがわりのマット

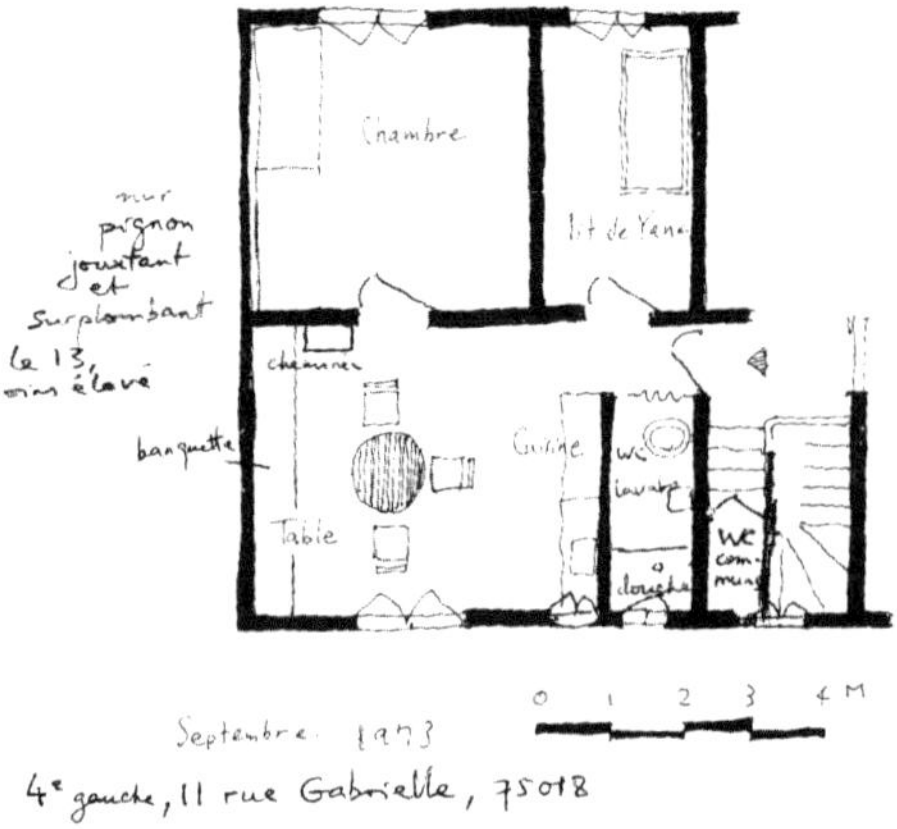

図54　モンマルトルのPの家

レスがしいてある。夜はこれが敷ぶとんになる。日本に留学して四年くらしたPは日本の生活様式のファンで、せまいへやをひろくつかうふとん方式をとりいれていた。

私はたぶん子供のベッドを大きいほうのへやにうつして親子三人がねて、小さなほうのへやを私にあけわたしてくれるのだろうと見当をつけた。ところがそうではなかった。私は夫婦とならんでねることになった。私は三歳の子供でも個室で生活させる個人主義のあらわれだとうけとって、多少困惑しながらも感心した。けれどもたとえ数日にしろ夫婦のプライバシーはどうなるのか。それればかりではない。Pのほうはつぎの日、用事で南仏のほうにでかけてしまった。私は奥さんとふたり、ひとつのへやでマットレスをならべてねることになったのである。もちろん彼は私を、また奥さんを信頼していたわけだ。それに男女がふたり一室ですごせば、それはうたがわれるのが当然という通念があるが、そういう通念を否定するという積極的な気持ちもあったと思う。本人さえ信頼できればいいではないか。実は私自身にもこの通念には反対したい気持ちがある。しかし私は信頼と善意に感謝しながら、多少ならず困惑した。疑惑をおそれての困惑ではない。体力にとぼしい私は、つかれていたのでひとりで眠りたかった（のちになって、「フランス通」のある日本人にこの話をしたところ、そういう場合に女性になにもしないのは失礼なのだといわれた。そうだとしたら失礼をしたわけだ。そういう気はどうもしないのだが)。

それはともかく当面の問題でいうと、これでは個人主義どころではない。私はわけがわからなくなったが、Ｐの非常な善意はよくわかったし感激した。二日ほどして彼がかえってきたとき、私は親切に感謝しながらも退去を申しでた。それは彼の気分をそこなったようだ。

その後友人の住宅の研究者にきいたところでは、やはりその場合は、子供のベッドを親のほうにうつし、客をひとりねかせるのがふつうのようだ。私を夫婦の隣にねかせたのはただ子供のベッドをうごかすのが面倒だっただけかもしれない。それに彼の信頼と善意の表現があったのだろう。それも個人の生活をあまり重視しない国からの客の習慣(とおもいこんだ)を尊重したのかもしれない非常な善意が。

ともかくこれは個室尊重というより、むしろフランスでも個人生活を尊重しないことがあるという逆の例だったようだ。私が個室尊重の先入見にわざわいされて、ひとりで思考のきりきりまいをしていたのである。おもいこみはあぶない。

最近(一九八八年)の統計では、パリでは子供の一〇人に四人は一室にふたりないし三人で住んでいるそうだ。また家族のうちのだれかが寝室以外のへや、たとえば居間でねているという家族も多いらしい。パリは人口が集中して、他地域よりもひとりあたりの住宅規模が小さいのである。こんな話も

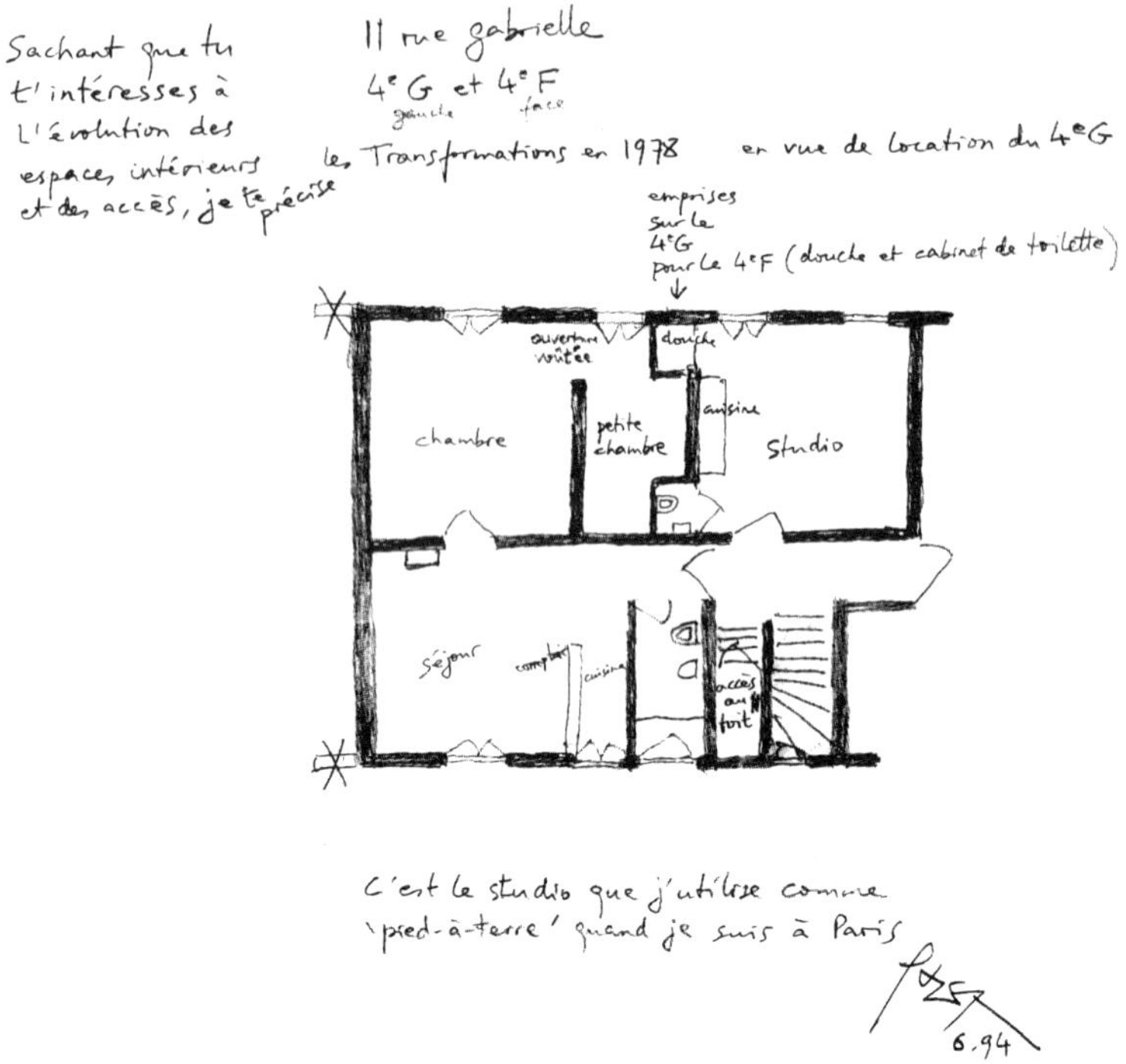

図55　1978年に改造したPの家

きいた。近年フランスでも受験競争がはげしくなって(日本ほどではないらしいが)、ことに受験期の子供には個室を確保しようといううちが多くなった。ところがパリ市内ではだいたい家が小さい。そこでその時期になると市内のアパートをうって郊外のもっと大きな戸建て住宅を買う。土地は東京などにくらべると信じられないくらいやすい。そして受験期がおわるとまたそれをうって市内にかえってくるというのである。これは個室指向というよりフランスでも受験競争がきびしくなって、そのために多少ともこっけいな住現象がおきているという例だが、またフランス人の、すくなくともパリジャンの、パリ都心居住指向のつよさもしめしている。子供の勉強べや確保のための個室は、日本でも近年めだつことのひとつである。ふるい町家の通り庭に床を張ってへやにした例は多いが、これがたいてい子供べやかダイニング・キチンにつかわれている。

フランスでも家族が個室にねるようになったのは、そうふるいことではないそうだ。一九世紀のおわりごろまでは、ブルジョア階層はべつとして、庶民住宅ではひとつのへやに、周囲にベッドをならべて大勢でねていた。n・(D)K・(D)Lであらわされる「公私室型」はフランスでも都市住宅の典型として定着しているが、これも今世紀になってから、ことに戦後に普及した型のようである。

ふつうの住宅としてのアパート

こういうアパートに住んだり泊まったりして感じるのは、日本のアパートとのちがい、とくにそれがフランスでふつうの家だということである。前にものべたように、私はアパート＝仮ずまいというイメージが定着し、同時にそれではいかんという気がつよくしているのであるが、そのちがいは、りっぱなアパートから安アパートのあいだが、連続しているかどうかにあるような気がする。それはまたアパート居住の歴史のちがいということでもあるだろう。

ヨーロッパのアパートはローマ時代に起源をもっている。外敵をふせぐための城壁のなかに町をつくろうとしたら、積み重なって住まなくては人口増に対応できない。ところでアパートの最大の不便は給排水である。これがすこしづつ普及しはじめたのは、パリでは一九世紀後半である。これが普及するまでのアパートの上階の不便な生活というものは、われわれの想像をこえていたようだ。炊事の水はぜひ必要だから、これは水うりから買った水を召使が桶でもってあがる。つかった汚水はもっておりて、道路まん中をとおる溝にすてる。面倒だから窓からすてるものが多かったそうだ。すてる水をへらすために、水をつかわない工夫も大事だった。一九世紀でもふろは今のような浴槽でなく、皿のようなタブに台所でわかしたお湯をはって行水をするのが主で、深い浴槽をそなえた裕福な家でも病人があったりしたときだけたっぷりお湯をはり、家族がお相伴をした。それは数日間家族の話題になったという某夫人の回想がある。

それよりやっかいなのは糞便の処理で、一階の中庭の肥溜までもっておりて溜めなければならないのを、これも面倒だから道路の溝にすてたり、やはり窓からすてるものが多かったらしい。溝をうまくながれてくれないから道路にたまり、道路のきたなさと悪臭はおそるべきもので、パリは大きいだけにヨーロッパでも有数の「悪臭の町」として知られていた。その悪臭は何キロも先からにおったそうだ。

そんなことだから、台所のきたなさ、不潔さもすさまじいもので、アパートはねずみの巣だった。頻発したペストの流行はそれと無関係ではない。一四世紀のペストではヨーロッパの人口の四分の一にあたる二五〇〇万人が死んだという。ヨーロッパの集住は二〇〇〇年におよぶこういう修羅場を経験しているのである。せいぜい一〇〇年の歴史しかもたない、しかも上水、下水の近代技術が一体になったアパートしかしらない日本人が、そうかんたんにアパート生活になれることができないのもやむをえない。

しきい

しきいが、ヨーロッパのひとにはいろんな意味で大きな障壁であるらしい。われわれでも、考えてみれば心理的にも行動の上でも、そこでさまざまの切り替えをおこなっている。よごれた場所から清潔な場所へ、動から静へ、公から私へとうつり、そしてそこでそれにふさわしい心的態度をとるのである。家のなかでも茶の間と座敷では気分がちがう。便所にはいってスリッパをはくと別の空間につった気がたしかにして、それなりの心がまえをしいられる。Ｐｈは仙台で共済のホテルにとまったとき、玄関でまず靴をぬいで靴箱にしまってスリッパにはきかえ、へやのところでそれをぬいで畳のゆかにあがり、便所(共用)ではまたべつのスリッパにはきかえ……といった経験をして、そのたびにひとつの障壁をこえてべつの空間にはいり、心的態度の変更をせまられる思いがしてとまどったらしい。

そういえばヨーロッパ、あるいはすくなくともフランスの近代住宅では、それほどたくさんのしきいはないようである。まず入り口がある。そこをはいると玄関ホールがなくていきなり居間ないし応接間の家がある。最近はまた玄関ホールの、内と外とのあいだの緩衝空間としての機能的心理的意味がみなおされて、玄関ホールを設けるうちがふえているらしい。一種の先祖がえりである。それも各室をつなぐ廊下といったものが多い。あとはへやの扉。食事室と居間が一体のものもあるがこれは最近あらわれたあたらしい形で、古いアパートは個室、台所、食事室、居間などが石の壁でがっちりしきられている。前述したように個室が空間の単位で、そこをでると、あとは屋内も戸外も似たような公的空間になる。だからしきいは個室の扉がはっきりした境界で、そのつぎに玄関扉がくるといえようか。その玄関も、Pの友人のように窓からはいって玄関からでていくこともあるから、たいした意味はないのかもしれない。もっとも最近は荒っぽい泥棒が多いそうで、これには堅固な玄関扉が必要になる。あるアパートでスチールの玄関扉に錠前をふ

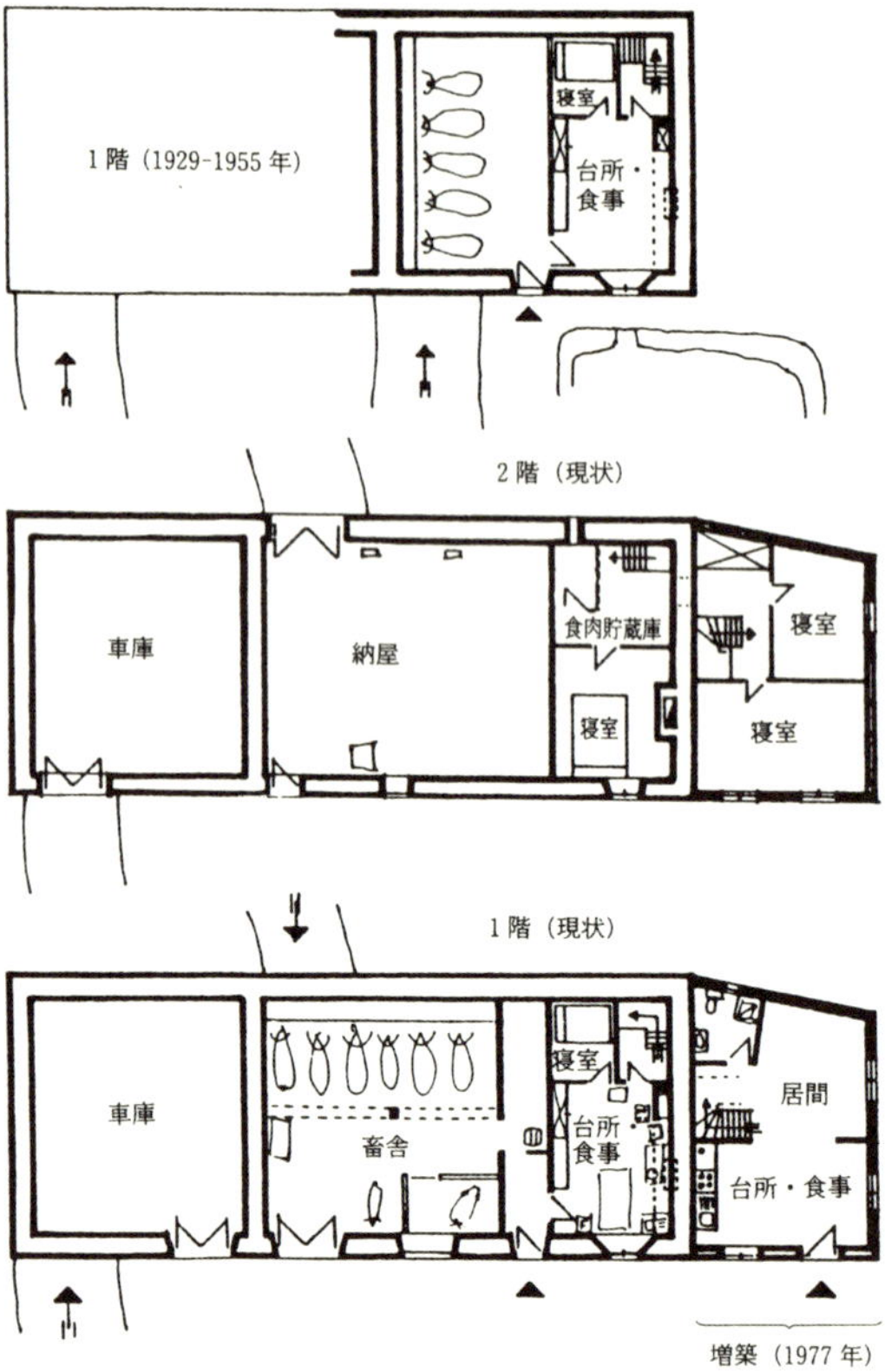

図56　酪農家の家畜小屋と居住部分との「しきい」

たつつけ、その上に扉の鴨居からしきいまでふさぐ体操の鉄棒のようなかんぬきをかけていたのにはおどろいた。それでも扉をバーナーで焼ききって仕事をする泥棒がいるそうだ。こうなると象徴的な境界などといった次元の話ではすまない。

中央山塊の酪農家では、つい最近まで家畜小屋と居住部分の間にもはっきりしたしきいがなかったそうだ。一九八〇年に私がたずねた農家は、村でもまずしいほうの農家だったが、扉をあけてはいると幅一メートルくらいのホールがあり、右の扉をはいるとDK、まっすぐいくと家畜小屋につうじていた。食事室も家畜小屋も一軒の家のなかのへやのひとつという感じで、ひとは同じはきものでゆきする。これはむかしの日本の農家のひろい土間の一部に、牛や馬をおいていたのとはまったくちがう。以前は家畜小屋を便所につかっていたということだ。最近はこの地方でも農家の改善がすすんで、「しきい」をはっきりさせる傾向にある。

集まりべや

私は以前からヨーロッパの住宅のプランを雑誌でみるたびに、日本にくらべて、居間がほかのへやよりもアンバランスなくらいに大きいのを不思議におもっていた。日本では襖をあけてつづき間にして大きく使う習慣があるせいかもしれないが、ふつうの住宅には特別に大きいへやというものがない。伝統的な庶民住宅では大きな座敷でも八畳かせいぜい一〇畳。六畳くらいのが多い。ヨーロッパでは居間だけが突出してひろい。そんなひろい居間でなにをするのか。やはり生活の豊かさをしめすものかぐらいに思っていた。それが北海道に住むようになって、広い居間の必要を実感した。そしてそのことからヨーロッパのひろい居間の意味がわかるような気になった。

北海道に住むようになった最初の冬は、北海道の住宅についていろいろ考えさせられたが、まえにもいったように、ひろい集まりべやが必要というのもそのひとつだ。冬のあいだはどうしても家のなかですごすことが多くなるが、その閉塞感はそうとうなものである。そこですくなくともひとつはひろいへやがほしくなる。そこはおのずから家族のあつまるへやになる。つまりひろい居間だ。

図57　フランスのブルジョワ家庭の大きな応接室(サロン)

フランスでは、むかしはことにブルジョアの家庭では大きな応接室(サロン)と食堂が集まりべやで、庶民住宅ではサロンはない家がおおく、サロンと食堂が一体になり、居間(salle de séjour)となって普及した。台所にはべつに食事のテーブルをそなえ、DKにして、ふだんはここでたべる。来客があると、居間の食事コーナーで食事をする。客を台所で食事させるのは、まだふつうのもてなし方としてみとめられていないようだ。要するに、居間というのは睡眠、勉強など純粋に個人的な生活以外のすべてをまかなう空間なのである。ひろいのは当然である。

レストラン

私はパリで下宿しているあいだ外食していた。つまり街のレストランでたべていた。家庭料理はときどきまねかれて、客としてたべたことがあるだけだから、それはふだんよりごちそうだったはずで、日常の家庭料理というのはしらないといってよい。

ヨーロッパでフランスがほかの国とめだってちがうとおもうのは、だれでもいうことだが食事がうまいということである。それもふつうのいわば大衆食堂でもうまいのである。私はマクシムだのトゥール・ダルジャンだのという一流の有名レストランは、いったことがないのでしらない。休日の昼と夜は下宿のちかくの小さな大衆レストランで、ふだんは研究所の所員食堂でたべていた。レストランでは当時のレートで四、五〇〇円、定食つまりメイン・ディッシュが二、三種類きまっていて、そのなかからえらぶ。たとえばビフテキだとほとんど脂のない赤身のやつに、おきまりのじゃがいものあげたのか莢いんげん。ポタージュはきまっていて、デザートは果物、チーズ、ヨーグルトなどのなかからえらぶ。パンは例のながいバゲットをきったやつで、これはほしいだけたべられる。ワイン、ビールなどの飲物はべつの注文になる。もちろん注文すればほかのものもつくってくれるが、私はもっぱら定食で、味も量も十分満足していた。

会社や役所は職員の食堂(カンチーヌ)をもっている。ここでは街のレストランよりもはるかにやす

図58　フランスの職員食堂(カンチーヌ)

くたべられる。会社や国が相当の援助をしているのにちがいない。これは一九九四年のことになるが、ある研究所で研究員としてそこのカンチーヌを利用することができた。昼になるとみんな一階の奥のほうにある食堂にでかけていく。盆とコップとナイフ、フォーク、スプーンをとってカウンターにならぶ。三種類ほどのメイン・ディッシュがならんでいる。ビフテキ、かれいを煮たのにソースをかけたもの、鶏のむしたものなどで、どれも相当大きい。それに野菜がつく。大皿に山もりという感じになる。えらんで注文すると、カウンターのむこう側のコックがその場でやいたりあたためたりしてくれる。それから飲物(四分の一リットルのワイン、ビール、ソーダ水など)をえらび、デザート(果物、チーズ、プリンなど)をえらんでコーヒをとり、レジで代金をはらう。これだけで三〇〇円ぐらいだった。やすいのは円高のおかげもある。日本でこれだけのものをたべようとおもったら二〇〇〇円はかかるだろう。

三〇年前の滞在のときいつもいった近くの小レストランでは、給仕のマダムがワインのびんを股にはさんで片手で栓ぬきをひっぱって栓をあけるのに目をみはったが、最近は栓ぬきが日本でも出まわっている力のいらない栓ぬきになり、それに小びんはビールびんのようにひっかけてあける式のもので、あの豪快な栓ぬきがみられなくなった。当然の変化とはおもうが、ちょっとさびしい。

図59　古い農家を改造したマルクとミシェルの家

再利用

(1)　マルクとミシェルが住んでいる家は、ボルドー郊外一〇キロほどのところに、街道ぞいに建っている。ぶどう酒の町で有名なサン・テミリオンのすぐちかくだ。これはふたりがぶどう農家をかいとって、一〇年がかりで改造したものだ。私はこの家に一泊しただけだが、つよい印象がのこっている。

ひと口にぶどう酒づくりといっても、いろんな仕事、いろんな規模がある。日本の酒づくりとおなじだ。このあたりにはたくさんの「シャトー」がある。これも大小さまざまだが、有名なロワール河畔の王侯貴族の別荘だったシャトーとちがって、ぶどう酒づくりの主人が住んでいる館だ。これが一面のぶどう畑のなかに、あちこちにそびえている。ぶどう酒の銘柄の「シャトー〇〇」はこれからきている。

非常に豊かなくらしらしい。

マルクとミシェルの家はそんなシャトーではない。ぶどうづくりの農作業に従事する農民が住んでいた長屋を買いとったものである。はじめからそういう家づくりをするつもりで、自分たちでもさがし、友人からも情報を集めて、ボルドーの町からもちかく(車で二〇分くらい)、ぶどう酒のサン・テ

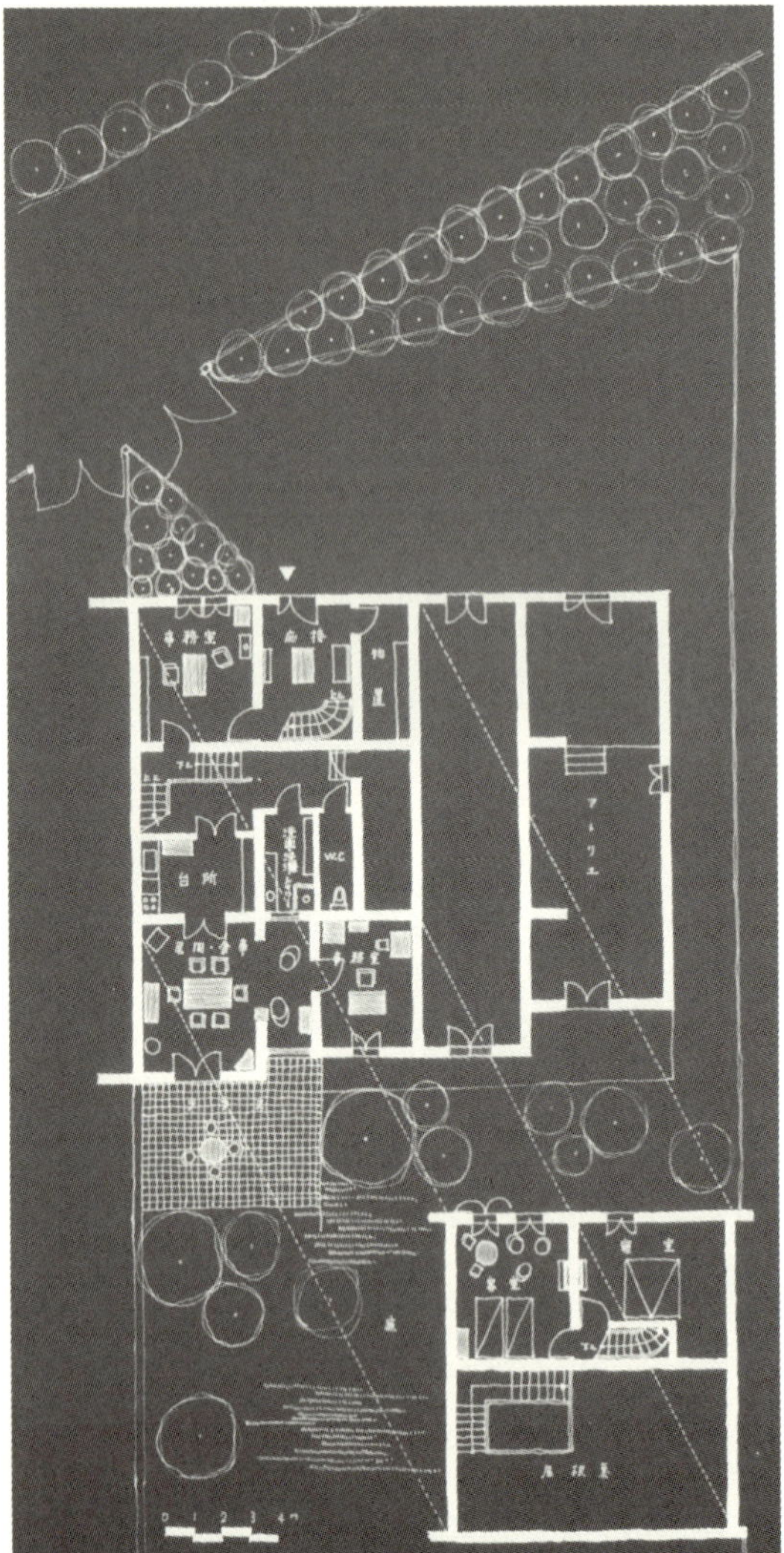

図60　マルクとミシェルの家の平面図

ミリオンにもちかいということでえらんだのだそうだ。ぶどう酒が好きでまたくわしい。大きな『ぶどう酒年鑑』を備えていて、どの銘柄の原料のぶどうは何ヘクタールの畑でとれて、何年ものがいいというようなことを、たちどころにおしえてくれる。

図61　マルクとミシェルの家の居間

ふたりの経歴はよくわからないが、マルクは建築設備の部品の取引が仕事で、事務所だけそこにかまえ、パソコンをおいて仕事をしている。ミシェルは大学で教育学をやったが方向をかえ、家具の修理の仕事をしている。それもただの家具ではなく、文化財クラスのものを専門にあつかっている。やはり一室を事務所にして、むかしの納屋をアトリエにしている。

フランスで農家の空き家をみつけるのは、大都市のごく近郊でなければそうむつかしくないようである。ごたぶんにもれず農村の過疎化がつづいている。しかしひとはいなくなっても、石の家はがっちりのこる。友人のＰｈはまだ四十代でパリで仕事をしている研究者だが、一〇年ほど前に地中海沿岸の農家をかって別荘にしている。一三世紀に建てられた農家だそうだ。円になおして五〇万円ほどで買い、三〇〇万円ほどかけて住めるように補修した。もっとも日本でも北海道の農村などは離農者がおおく、その空き家を手にいれることはできるらしい。ただ家の骨組がちゃんとしていないので、結局家でなく敷地を買うということとなるようである。

実は私もむかし奈良にいたころ、あの地方独特の大和棟の農家を買いとって改造して住むことを考えたことがある。奈良盆地はすでに大阪のベッドタウンになっていたから、私にはとても手がでなかったが、それだけにマルクとミシェルのこのアイディアには共感した。

図62　撮影禁止のトイレ

まずまわりの環境がすばらしい。庭の前はみわたすかぎりのぶどう畑で、新しい家が建ったりする心配はまずない。一〇年がかりでつくりかえたというのもいい。フランスの家庭ではどこの家でも家具の来歴を自慢したがるが、ここでは商売柄家具にもいちいちいわくがあるようだ。それに感心したのは、ちょっとしたところにチャメ気というか、ひとの意表をつくようなエスプリのあるいたずらが仕掛けてある。トイレの扉をあけると真正面の便器のうえの壁に「写真撮影と絵をかくことを禁ず」とかいた、白地に赤い字の表示板がかかげてある。古い軍の施設からひろってきたものだそうだ。それをこうやって（日本人らしく）私は写真をとっているわけだが、なんとなくおかしい。

中年の男ふたりの日常生活というのは私には想像の外だが、雰囲気はふつうの家とかわらない。台所はかわりばんこか手のすいているほうがやっているようだ。ふたりともとくに知的な仕事をしているわけではないが、非常にインテリジェンスとエスプリが豊かで、それでいてけっしてスノッブというのでない、洗練された気持ちのいいひとたちだ。

つぎの日はふたりでサン・テミリオンとボルドーを案内してくれて、一日つきあってくれた。いそがしいだろうからと辞退すると、今仕事がないから一日中自由だといってわらっていた。周知のようにフランスの経済は相当にきびしく、失業率も一三%をこえている。それでも衣はともかく食と住は、なにか基本的なところで豊かさがわれわれとちがうようである。

こういうふるい家の再生をみていておもうのは、住宅の近代化あるいは近代的な住宅というのはなんだろうかという疑問である。間取りに関するあれこれの議論が小賢しくむなしいものにおもえてくる。

(2)　友人Phの兄さんのOはパリの南の郊外に住んでいるが、やはり古い農家の長屋を数戸買いとって、それを改造して住んでいる。かれは超エリート校のエコール・ポリテクニックをでて、フランス最大の建設会社ブイグにつとめる若い幹部社員である。国際的に活躍しているが、現在パリの郊外をまわる「外環状」の高速道路を地下につくる計画を担当している。

かれの住んでいるのはパリの都心から南一五キロほどのところの小さな街道沿いの村で、二階建てのその長屋も、幅六メートルほどのほそい街道にいきなり面し、外からみたところは、さえない郊外の村の町並みの一部である。長屋門風の門をはいるとでこぼこの粗い石敷きの中庭がある。このへんもまだ農家風だ。道路ぞいの建物から奥の方に棟がつきだして家全体ではコの字型になっている。さらに奥にいくと芝生のひろい庭があり、バーベキューなど、夏の戸外生活を楽しむ設備がしつらえてある。

図63　農家の長屋を改造したパリ郊外のOの家

内部は相当大掛かりに改修している。とくに台所、食事室、応接間、居間のあたりは古めかしさを残しながら、おちついた上品な雰囲気に改造している。

ただ外壁はもとのハーフ・ティンバーだから断熱性能はよくない。奥さんに住みごこちをきいてみたら、暖房費がかさむといっていた。あたたかさの感じもあまりよくないにちがいない。それでも小べやがたくさんあり、そのうちの一部を二階分つかって、いわば私設のミュゼ(博物館)をつくっているのはうらやましかった。仕事で世界中を旅行するのでいろんな国の品物をならべている。私などはあまり旅行しないからそういう土産はほとんどもたないが、わずかにもっているものも、居間の棚に二、三かざる程度で、あとは押入れに死蔵しているだけである。

八　美意識とデザイン

美意識

日本文化が自然とふかくかかわっていることは自他ともにみとめるところである。当然、自然美への関心が大きい。そして自然美は気候に大きく支配される。

これは理屈としてはあたりまえのことだが、実感としてわかったのは北海道にきてからである。まったく個人的なことになるが、私は桜がすきである。けれども桜の美しさは、私には関西の四月のはじめの、暑くもなく寒くもなく、それでいて腹のそこからぬくもるようなあたたかさと切りはなして考えることはできない。北海道の桜は五月にさくが、天気がよくても気候はさわやかで、ぬくぬくとした感じがない。その気候のなかでみる桜はそれなりにきれいだが、私にはものたりない。

「中秋の名月」もおなじである。月見をいわば年中行事としてやったのは子供のときしか記憶がないが、そのときは夕方庭の前のへやの窓をいっぱいに開けて、座卓のうえにすすき、萩、桔梗などの草花を生け、団子をたべた記憶がのこっている。それはやはり九月の中ごろになっても、夕方まだ生あたたかい空気のなかではじめて成り立つ行事であろう。その後下宿やアパート住まいでそんな行事を自分からやったことはないが、やってみたいという気になったことはある。けれども北海道では、九月の中ごろに窓をあけて自然の美しさを楽しむのはちょっとむりである。もっともこれはその日の天気にもよるが、八月の十五夜にやったっていいはずである。それでも夜になって窓をあけているのはつらいかも知れない。窓をしめてというのも考えられるが、これもものたりない。やはり北海道では秋の夜に月をみながらだんごをたべるより、夏の夕方、暮れなずむ空にそびえるポプラの梢をながめながら、ジンギスカンをたべるほうが気分がいい。

風景美にかかわることで、こうしたくいちがいはずいぶんある。「春はあけぼの」などというのもそうだ。北海道では三月、四月の朝方はまだ寒く、庭や道路にはよごれた雪がのこっていたりして、風景を楽しむにはたぶんいちばんふさわしくない季節と時間である。それが中学、高校などで古典としてとりあげられ「日本の美」としておしえこまれる。

考えてみれば、中世以前の古典というのは、だいたい京都のあたりを題材にしたものが多い。風景美もそうだ。京都あるいはその近辺という一地方の美が古典として「日本の美」のように全国でおしえこまれる。南北三〇〇〇キロメートルにわたってながながとのび、気候も自然景観も地方によって大きくちがう日本で、一地方の美がほとんど基準的な美としておしえられるというのは、乱暴な話だ。ただこれはマイナスとばかりはいえない。美意識を相対化することはそれを豊かにすることにつながるだろう。けれどもそれには一方で地域固有の美意識をつくることが必要だ。独自の風景をみつけな

図64　はっきりした輪郭の北海道の山なみ

ければならない。というよりつくりださなければならない。

すでに名所になった風景が北海道にもないわけではない。摩周湖、阿寒湖、層雲峡、襟裳岬など。それらは確かに北海道のほかにはないものだ。けれどももっと季節にかかわる独自の風景があるのではないか。たとえば夏山のながめも、輪郭がぼんやりとかすんだ本州の山とまったくちがう。山の輪郭ははっきりして、尾根や谷のあらゆる細かなひだがくっきりと明暗をつくっているのである。それは「名所」というものではないが、おそらく名所以上に北海道の特徴をあらわす風景である。同様に流氷の上にかがやく満月というのも、おぼろ月夜が象徴するような「伝統的」な美学にはおさまらない、凄味のある風景だろう。

ただ風景はだれかがそういう風景をみつけていいなといっても風景にはならない。写真で紹介されたり歌や小説にえがかれたりして人口に膾炙して、はじめて「すぐれた風景」になり、それをささえる美意識がつくられるのである。

住宅のデザインもおなじである。北海道のような冬の雪と寒さ、夏のさわやかな気候に見合う形の美があるはずである。それはまず単純で表面積のすくない形である。球はむりとしても立方体にちかい形だ。これはしかし日本の「伝統的」な美学に反するようである。「伝統的」な住空間は、とくに夏の暑さをしのぐために、内と外を一体に考える空間だ。それにはできるだけ凹凸が多く、外と接する面積の大きい形が都合がよい。

もっとも日本でも、古代の寝殿造や近代でも農家などは、内と外を一体にという原理に立ちながら、全体は単純な形をしていた。古代では技術、農家では技術と費用の問題だったのだろう。農家の建築は共同体の協力(ゆい)によったから、複雑な形は近所迷惑である。複雑な形があらわれるようになったのは中世末期の書院造、ことにそのなかから生まれた数寄屋建築からであろう。一七世紀はじめ、江戸時代初期につくられた桂離宮などは、表現は簡素だが、全体の形は複雑さを極限までおし進めたものだ。湿潤の気候だから、庭との接触面積をできるだけ大きいほうがいいなどと、わざわざ考えたわけではないだろうが、あの複雑な形が気候条件にみあっていることはたしかである。それはともかく、桂離宮のように広い庭のなかに遠心的に展開する住宅は、敷地のせまい現代ではむりだが、複雑な形をもとめる原理はどうやら現代の住宅美学にも主流としてうけつがれているらしい。

北海道でもこの美学は根づよい。戦前の上流階級の木造住宅は、和風洋風をとわず、この「伝統」

をうけついでいる。近年はふつうの住宅でも複雑な形をもとめたがる。求心的にコンパクトにまとまる形はものたりないらしい。一九六〇年代に北海道住宅供給公社がつくった「三角屋根」の住宅は、単純でコンパクトで力づよくて、デザインとしても北海道型のデザインの傑作だったが、ひとつの大屋根で全体をおおってしまうという形は、最近ほとんど見かけなくなった。ひとつには住宅の規模が大きくなって、プランが複雑になりがちということもあるようだが、それればかりではないだろう。ひとつの屋根でおおっても、いくつも屋根窓をつけたりして形をにぎやかにしたがるのである。

私が北海道にきたとき非常におどろいたことのひとつは住宅の形の異様さだった。とくに屋根の形である。

住宅の屋根というのは私の常識では、勾配が四・五寸から五寸、かわら葺きで棟から両側に対称に、おなじ勾配でさがっている。北海道ではそうではない。鉄板葺きはいい。ところがその勾配が千差万別で、そのうえにひとつの建物の中にいくつもの勾配がある。その奇妙さは町並みになったときにいちじるしくなる。およそ町並みという感じがなく、ただいろんな住宅がなんのまとまりもなく、かってにならんでいるという印象である。

こういうけったいな屋根が、雪処理の都合からきているのはよくわかるし、合理的なところもないわけではない。

私の官舎の南隣の家はふつうの家だったが、この家は敷地の北の端ぎりぎりに建物をたて、屋根はほとんど全面が北側へさがる勾配で、南は軒の分だけ急勾配で南にさげている。要するに屋根につもった雪は全部北側のわが家の庭におちる仕掛けになっている。これはまたあまりに合理的というほかはない。冬には庭はつかわないからかまわないが、おちた雪は春になってもなかなかなくならない。その家のひとはすこぶるいいひとだったから、どうということはなかったが、あまりいい気分のものではない。仲のわるい家どうしだと、このことでなおさら不愉快なおもいをするだろう。

主として屋根の形からくる北海道の住宅のけったいなデザインのことは、北海道の建築家たちもうんざりしているようである。新聞の投書欄でも市民からの批判をみたことがある。ただあえて弁護するなら、やっかいな雪処理のために便利な形をもとめて、いろいろな形をためしてみているともいえるのである。それなら東北・北陸の多雪地帯は、そんなへんてこな形はみかけないではないかというかもしれない。それはおそらくながいあいだに骨がらみになった伝統的な美学が異様な形の屋根をおしとどめているので、そのマイナスについてはあとでふれる。

北海道の住宅デザインは、昭和三十年代以降十年ごとに流行がかわった。形の変化は屋根の形の変化に象徴されるが、三十年代は三角屋根、四十年代は変形屋根、五十〜六十年代は無落雪屋根ととんがり屋根、最近はこの両者のくみあわせといった具合である。

これは変化のはげしい戦後の住宅デザインの領域でもめずらしいのではないか。周知のように北海道は風土のなかからうまれた「民家」というものをもたず、初期の移住者の家は「伝統的」な住宅のコピーだった。材料、構法、暖房設備だけでなく、空間構成のうえでも、系統的な研究がおこなわれるようになったのは戦後のことだが、それだけに「伝統」と切れたところでさまざまの実験をこころ

和風をベースに洋風を加味した戦前の住宅

戦前の洋風住宅

住宅供給公社の「三角屋根」(昭和30年代)

変形屋根の住宅(昭和40年代)

無落雪屋根の住宅(昭和50年代)

とんがり屋根の住宅(昭和50〜60年代)

図65　屋根の形を中心とした住宅デザインの変遷
(出典：科学研究費補助金総合研究成果報告書『雪国の住宅・住様式研究』1988年，31頁)

みることは、必要なことだった。変化のはげしさや、そのための町並みの混乱は、そういう事情のあらわれとみることができる。

それでも近年になってデザインが落ち着きをとりもどし、またひとびとの好みも、北海道独自のものが、形づくられつつあるようにみえる。

一九八七年ごろ、私の研究室で住宅のデザイン観の地域比較の調査をしたことがある。札幌、長岡(新潟県)、金沢で、住宅の写真六枚を用意し、町のひとにみせて、それを好きな順にならべてもらうという調査である。これは桑原武夫氏の「美人観の調査」の方法をまねたものだ。とりあげた住宅はおおむね伝統―近代を軸にしてえらんだ。ただ住宅は美人とちがって、「使いがって」の判断がはいってくるからやっかいである。

極端なちがいを見せたのが札幌と金沢だ。数奇屋風の住宅は、金沢では「好き」の第一位にあげたものが圧倒的に多かったが、札幌ではおなじものが「きらい」の第一位にあげられた。理由は金沢ではその「昔ふう」なところが好きで、札幌では「古くさい」ところがきらいの理由である。おなじ古めかしさに正反対の評価がなされているのである。同様にとんがり屋根の住宅は、札幌では「好き」の第一位、おなじものが金沢では「きらい」の第一位にあげられている。理由も札幌ではその「モダンさ」がこのまれ、おなじことが金沢ではきらわれる理由になっている。北海道でも一〇〇年の生活体験をへて、環境にみあった独自の美意識が生まれてきているらしい。

ただ北海道でも江差はちがう反応をみせた。江差は江戸時代からにしん漁でさかえ、「江差の五月は江戸にもない」といわれた。北陸との交易がさかんで、妻面が道路にそった輪島などでみられるのとおなじ通り庭型の町家がいまでもたくさんのこっている。ここでは写真の好みは金沢とおなじ反応をみせた。どうやら歴史につちかわれた価値観はそうとうに根づよいもののようだ。

これは金沢だっておなじことで、京都文化の影響をうけながら独自の厚みのある文化をもつ金沢で、繊細華麗な数寄屋が好まれるのは理解できる。けれどもあの複雑な数寄屋の形は、雪の多い金沢にはなじまない。もちろん雪の多さ、冬の寒さなどの気候条件だけが家の形をきめるわけではない。しかしまた気候条件になじまぬ民家というのもこまりものだろう。北陸、東北などの京都文化をうけついでいる地方でもおなじことだ。これらの地方では雪対策は住宅デザインの大きな課題のはずである。いっぺん伝統に執着することをやめて、コンクリートに外断熱をほどこした陸屋根（ろくやね。勾配のない平らな屋根）の家でもつくるとよい。それは技術的にはかんたんで、あったかくて雪処理もはるかに容易だが、みるからに「おぞましい家」になるにちがいない。現に北海道がそうだ。新しい美学の萌芽がみられるとはいっても、まだまだ洗練されているとはいえない。けれどもいちどそのおぞましさにぶつかって、これをのりこえ、洗練させる努力をしなければ、ことに多雪地域では独自の住文化の創造はおぼつかない。伝統美学に固執するかぎり、雪処理ばかりか、寒さ対策もむりだろう。

材料、構法の改善には、これまでよりも費用がかかる。それでも費用の問題はいずれ克服されるだろう。住みよい住宅をつくるのに最後に障碍になってのこるのは、やはり伝統文化に骨がらみになった美意識だろうと思う。

A1

A4

A2

A5

A3

A6

観調査に用いた写真(出典：図 65 に同じ，152 頁)

B1

B2

B3

B4

B5

B6

図66　住宅のデザイン

北欧やカナダはさすがにながい雪国の生活のなかで、単純でしかも洗練されたデザインをつくりだしている。そういうものが可能だということをおしえてくれる。日本のものはもちろんおなじ形ではありえないが、すくなくとも北海道では、デザインの洗練がこれからの大きな課題である。

服装

私は北海道にきてはじめて夏背広が必要なものだとわかった。奈良に住んでいるころ、大学には冷房設備はなかったし、冷房のきいたビルでひらかれる格式ばった会議やパーティーにでることはすくなかったので、ほとんど必要を感じなかったのだ。それでもたまにその種の集まりにでることもあったから、一着だけ夏用の背広をもっていた。けれどもそれをきてネクタイをしめて冷房のビルにはいるのが、ひどくばかばかしいことにおもわれた。北海道では真夏でも朝晩はすずしいし、雨がふったりすると肌さむくなることがあるから、背広は必需品だった。ネクタイも、私はめったにしめないが、気候のうえからはむりのないアクセサリーだった。ヨーロッパ起源の背広ネクタイが、気候のにている北海道でぴったりして、モンスーン性の気候の本州であわないのは、考えてみればあたりまえのことである。

私が子供のころ、男の子たちはみんな夏にはサルマタひとつになって、ぞうりばきであそんでいた。それを親たちは「はだかでいると巡査にしかられる」といったが、効果はなかった。お百姓たちもはだかで仕事をしているひとが多かった。ほんとうにはだか禁止の政策を内務省あたりではもっていたのだろうか。むしあつい夏にこれほどぴったりした服装はない。実際これはひとつの服装なのだ。

幕末の日本に滞在した初代のイギリス公使オールコックは、その滞在記『大君の都』で、はだかの男たちがオールコックたちの行列をながめている様子をえがいている。ふんどしひとつの男が赤ん坊をだいているスケッチまでそえている。さぞ野蛮人にみえたのだろう。内務省がはだかを禁止していたかどうかはしらないが、そういうムードがあったことはたしかで、これはオールコックのような「欧米先進国」の目を気にしたためにちがいない。その心理が現在のむりな背広、ネクタイにまでつながっていることもたしかだろう。

新聞でおもしろい記事をよんだ。最近まで二万年以上、裸にちかいスタイルでくらしてきたニューギニアのダニ族その他の少数民族が、最近急速に裸ばなれをすすめているというのである。以前は男はペニスケース(コテカ)だけ、女は腰みのだけだったのが、そういう姿がみられなくなった。政府とキリスト教会が、裸はおくれているとしてつよく指導しているのだそうだ。ある青年が運転手に応募したら、服を着たらやとってやるといわれて、生まれてはじめて半ズボンをはいたという話が紹介されている(「裸族消えゆく」朝日新聞一九九五年一月七日夕刊)。「裸でいると巡査にしかられる」といわれた私の子供のころとおなじである。私はニューギニアにはいったことはないが、おそらく日本以上に裸は快適な服装のはずだ。もっとも国際化時代になると、タクシーの運転手がペニスケースひとつの裸というのでは、外国からの客はやっぱりちょっとぐあいがわるいかもしれない。それでもこの運転手も家にかえったら、さっそくもとのはだかになってくつろいでいるはずだ。しかし「近代化」

がすすめば、いずれネクタイも締めさせられるようになるのだろうか。不幸なことである。

むしあつい夏にははだかは快適だが、もちろんプライベートな服装だ。やはり公のものにはなりにくい。これが公の服装として町にあふれたら奇怪な風景になるだろう。満員の電車なんかは考えただけでも気色がわるい。せいぜい女性の夏の服装の露出度ぐらいが限度だろう。やはりはだかは、家にかえってくつろぐ服装のひとつとしてとっておきたい。

もっともヨーロッパのひとが、昼間ひとまえではだかにならぬということはない。六月のフィンランドでは、ヘルシンキ郊外の団地で、子供たちがはだかであそんでいた。ただこれはあつさをしのぐためというより、むしろ健康のためというもっと切実な理由のようだ。夏のあいだに十分太陽にあたっておかないと、クル病になるおそれがあるのだときかされた。青年たちが上着を手にもって、上半身はだかで町のなかをあるいているのをみたこともある。これなどは一種の気取りで、ひとつのファッションかもしれない。だとすればそれは服装そのものである。

最近のやくざは服装もりゅうとしたなりをしているが、ひところは、すててこにちぢみのシャツをきて、腹巻をして、八つわりのぞうりというスタイルをよくみかけた。日本の夏にあう服装としては、あれが最高ではなかろうか。かれらが世間体を気にせず(あれもカッコよさのつもりだったのかもしれないが)、最適の服装であるきまわることができたのは、かれらが「アウト・ロー」だったからであろう。世間のきまり(ロー)を無視して「本能」のままにいきていたから、服装においても世間の「きまり」をたやすく無視することができたのだ。

服装でも食べ物でも住宅でも、もともと地域の自然条件のなかからながい間かかってつくりあげられてきたもので、頭で考えてつくられたものではない。もちろん模倣や工夫はあるが、もとになるのは本能的な日常生活である。現在のわれわれの背広、ネクタイはその点もともとむりがある。改善されたのは材料ぐらいなもので、スタイルそのものは改善の工夫さえみられない。半袖のワイシャツがあらわれたが、これ自身はいいとしても、これにネクタイをしめるというのは、なんとも奇妙なくみあわせである。一度環境条件の特性にたちかえって、むしあつい夏にふさわしい正装を考えなおすべきではないか。そのさい参考になるのは、れいのすててことちぢみのシャツだ。これ自身は優雅さにかけるから正装にはならない。しかしその精神をくんであたらしい日常の服装をデザインすることはできるだろう。それはひと目をひくトップ・モードのデザインよりも、はるかにむずかしいにちがいないが、デザイナーとしてはやりがいのある仕事だろう。

あたらしいデザインもけっこうだが、単に習慣をかえるだけでも、事態はほとんど解決されるだろう。半袖シャツ、ノーネクタイなどを会社、役所などでちゃんとした服装としてみとめるようになれば、それでいいのだ。もちろん冷房のしすぎもやめる。このことはこれまでも多くのひとがいっているが、効果はみられない。

「国際化時代」を気にすることはない。欧米のひとだって日本の夏に背広、ネクタイでは閉口のはずだ。こういう動きに、電力会社がブレーキをかけたりすることのないようのぞみたい。

九　田舎の生家

生まれた家

それまで私は、大学をでたあと六年間東京ですごしたことがあるだけで、生まれてからずっと関西にすんでいた。生まれたのは京都府の北の端の丹後で、高校まで一八年間ここに住んだ。五人兄弟の三男である。家は代々小さな縮緬製造業を営んでいた。戸数三〇〇戸ほどの小さな農村だが、丹後一帯が昔から縮緬の織物がさかんで、村でも同業者が一〇戸以上あった。

私が生まれて住んだのはたいへん奇妙な家だった。木造の工場の建物の一部に六部屋の居住部分をつくった、仮ずまいのような住宅だった。とくに貧しかったというわけではない。私が生まれる五年前（一九二七年）にこの地方を大地震がおそい、住宅も工場も完全につぶれ、応急につくった工場兼住宅にそのまま住んでいたのである。十ちがいの長兄は地震のとき五歳で、全壊した家の下敷きになり、泣いているところをたすけられた。六つちがいの次兄は生まれたばかりで母にだかれていてたすかった。この地震のことは家でも小学校でもたえずきかされていた。

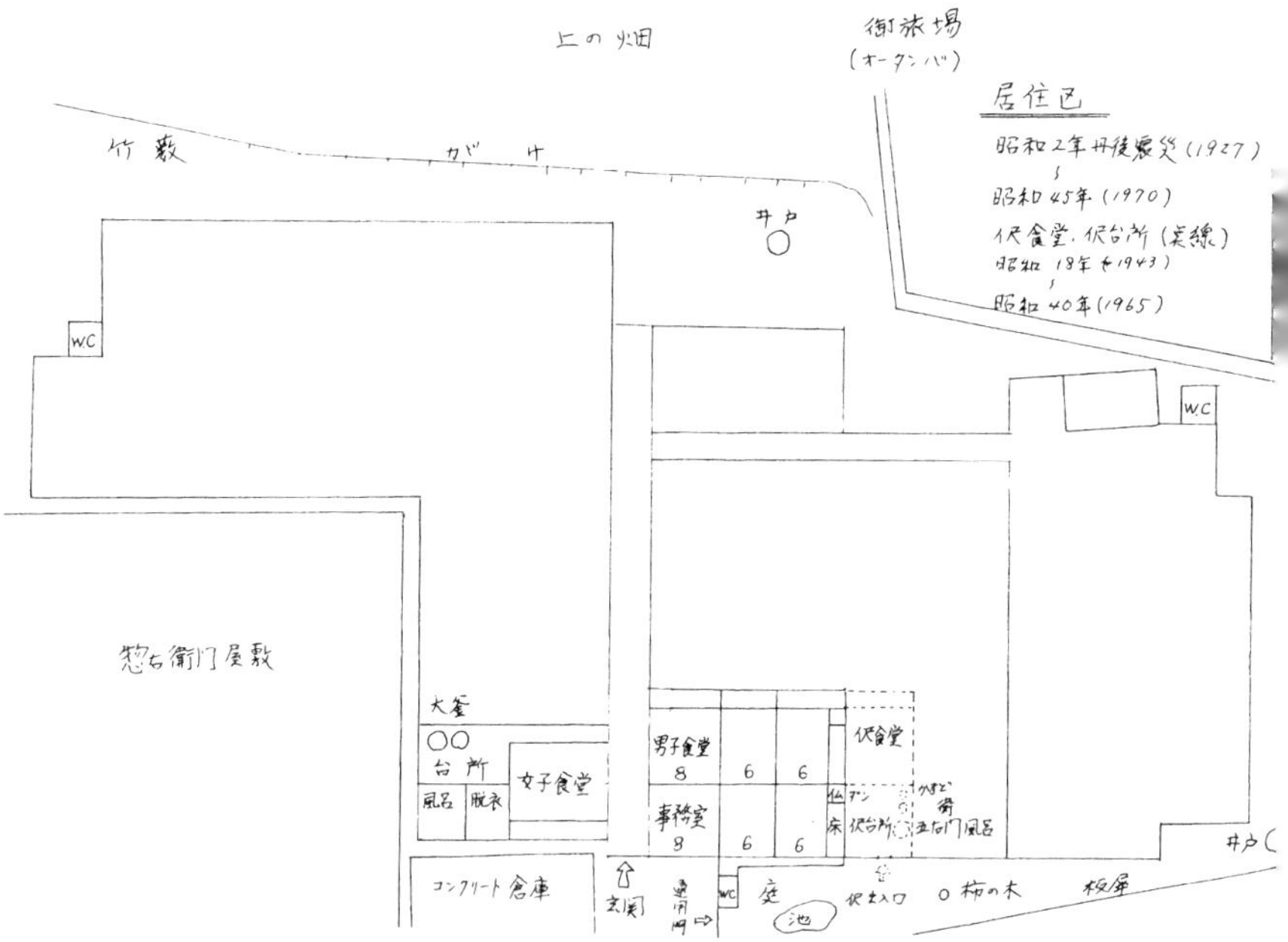

図67　丹後の生家(昭和初期)

父はちゃんとした住宅をつくる気がないわけではなかったようだが、質素な生活が身についていたらしく、同業者がみな住宅を新築していくのに、自分はそういうことには一向熱心でなかった。その後戦争と戦後の生活難で思うにまかせず、住宅の新築が実現したのは一九七五年で、家業を継いでいた長兄が建てた。だから私はその新しい家に住んだ経験はない。

私が一八年間住んだ家は、今おもいだしてみると、つかい勝手もなにもあったものではない、ただへやをならべただけの住宅だったが、やはりなにかのモデルはあったはずなので、それは田の字型の農家からきていたようだ。玄関をはいると一間半ほどの幅のコンクリートの通路が工場までつづいている。はいってすぐ右に二列の六間どりの間どりで住宅の部分があった。みな畳じきだった。田の字ではないが、土間と六間どりの農家に対応していたといえよう。通路に面したへやは店の間と工員の食事室で、実際の居住部分は奥の四間。店の間では父が仕事の客の応対をここでやり、店の間の隣はすわり机があって父がいつも事務をとっていた。この事務室(?)とならぶへやが家族の食事のへやで、すわって「はんだい」で食事をした。村では同じような縮緬の工場がいくつかあって、それらが共同で工員たちのための給食組織をつくっていた。家族の食事は家によってちがったとおもうが、私のうちでは家族もこの共同炊事を利用していた。

このへやには「はいらず」(蝿入らず?)とよんでいた和風の食器戸棚と「はんだい」があり、また家じゅうでここだけ四五センチ角ぐらいの「こたつ」がきってあったが、ここでねるということはなかった。それでもここが家族の集まりべやになっていたという記憶がない。うすぐらいし、炊事の設備ははなれているし、家のなかの「交通中心」になる位置にもないし、やはり農家の「だいどころ」のような集まりべやになる条件をかいていた。中秋の名月には庭に面した「座敷」にはんだいをうつして、萩、桔梗などを生けてだんごをたべるのが、ひどく新鮮な気がしてたのしかった。つまり家全体が集まりべやだったわけで、だからまた個人生活の場はまったくなかった。もちろん子供にはそんなことは関心がなかったが、両親も一応核家族の生活で(祖父と祖母がいたが、別棟のはなれに隠居していた。こっちは小さくてもちゃんとした家で台所もあり、食事はべつだった)、ふつうの家にくらべたら不便だとおもいながらも、我慢していたのだろうとおもう。

食事の献立はこまかくはおぼえていない。麦めしに菜っぱ、わかめ、たまに豆腐のはいったみそ汁、大根、なすなどの煮物、それにたくあんといったところがふつうだったような気がする。いまからおもうと蛋白質がすくなかった。それに味が濃かった。父は六一、母は六八で両方とも脳出血でなくなった。体質もあったのだろうが、塩分のとりすぎが影響しているにちがいない。田舎では(都市でも?)むかしは味が濃かったようだ。

食事室の奥の六畳の「なんど」と庭に面した六畳の「座敷」で家族みんながねた。座敷には床の間と仏壇があり、床の間には昭和天皇夫妻の写真がかかげてあった。その奥は板壁いちまいへだてて工場で、昼間はいつも織機のうごく音と、工員たちの歌をうたう声がきこえた。ふたつのへやに両親と五人兄弟の七人がねていたのは、これも戦前の家族の寝方としてはふつうだったとおもう。なんどには和たんすがふたつおいてあった。ほかに収納家具のあった記憶がない。押しいれにはブリキ製の衣装箱がいくつかあって、母が出し入れしていたことをおぼえているが、いまからおもうと家具はひどくすくなかった。私は仮ずまいの、よそとはまったくちがう型の家に住んでいるとおもっていたが、実は間取りもしつらえも住み方も、日本の伝統的な住宅を一歩もでていないことに、あらためて気がつく。

いろんな道具類は「倉庫」とよんでいた蔵にはいっていた。これは八メートル四方ぐらいの鉄筋コンクリートの建物で、陸屋根の屋上を物干し場にしていた。震災の前には土蔵があったらしいが、地震でかんたんにつぶれたので、蔵だけは頑丈にと父はおもったらしい。それはいいが、前面の道路と

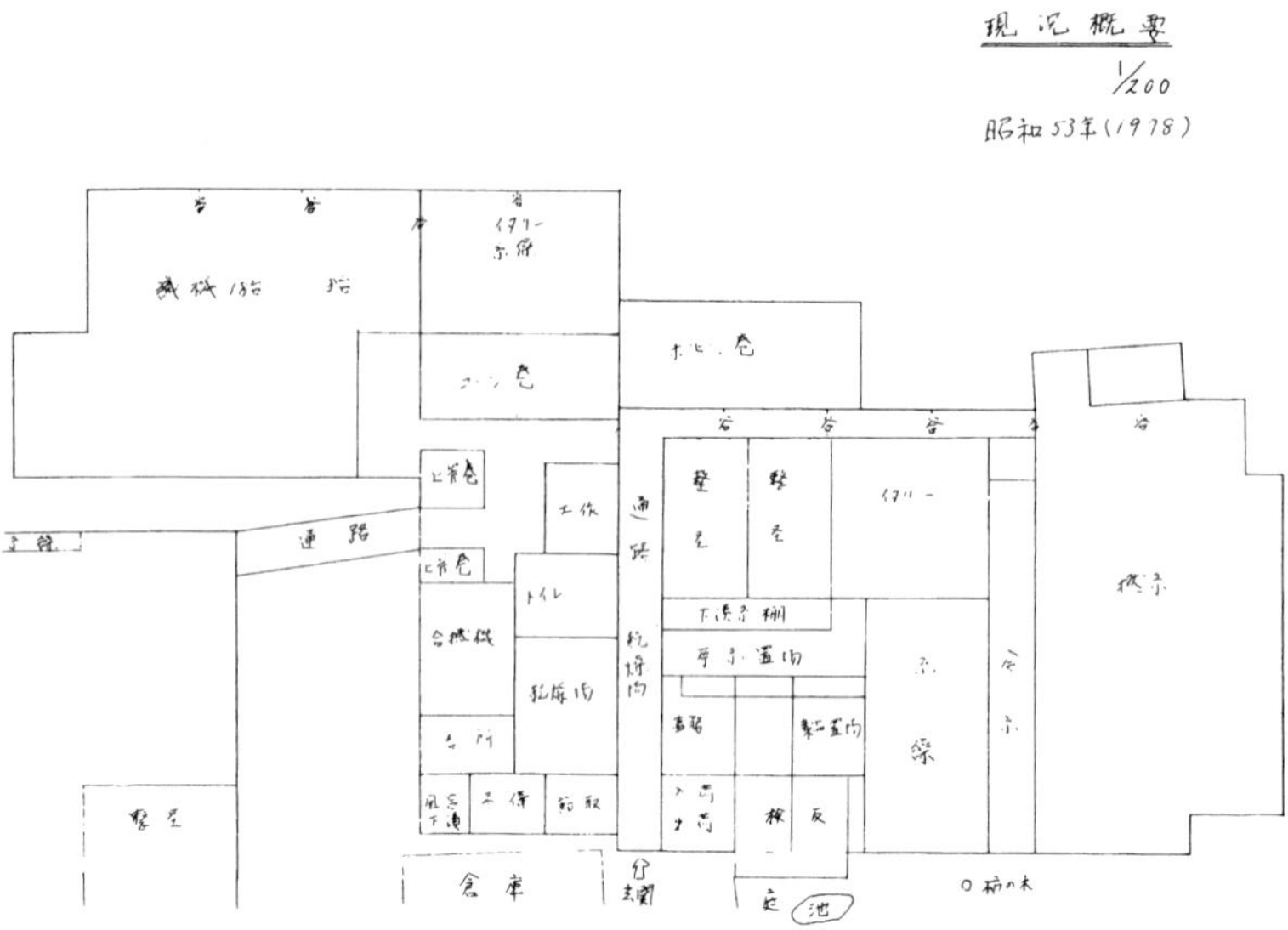

図68　1978(昭和53)年以降の丹後の生家

工場兼住宅の敷地の一メートル五〇ほどの段差を利用して、この倉庫を半地下風につくったので、大雨がふるとろくに防水もしていない蔵には豊富な地下水がしょっちゅう侵入し、衣類などの収納にはまったく不適だった。

子供たちが中等学校へいくようになると、当時の田舎にしては教育熱心な親だったから、勉強べやのことを考えたようだ。居住部分を工場の側にさらに延長して板床のへやにした。私は兄たちがここに机といすをおいて勉強していた姿をかすかにおぼえている。この拡張部分は私が小学校低学年のころ、長兄が京都の学校にいくようになってから台所兼食事室になった。家族専用の五衛門ぶろもここにつくられた。それ以前は玄関の通路の左側に大きな炊事場と、それにとなりあって石炭のボイラーでわかす大きなふろがあり、家族も工員といっしょにそれにはいっていた。年末の餅つきもこの炊事場でやった。その後戦中戦後の食料難もあって宿舎方式を廃止し、工場の仕事はちかくのひとに通勤してもらうようになって、大きなふろはつかわなくなった。

この台所兼食事室は、八畳の床とおなじく八畳の土間からなる「ダイニング・キチン」で、やはり「はんだい」方式の食事だが、これができるとちょうど農家の「だいどころ」のようにこれが集まりべやとして安定した。

自分のこととして、私は小学校のとき、自分の勉強べやはもちろん、きまった場所や机をもっていなかった。へやの構成からそんなへやはとりようがなかったし、そのころ子供が自分のへやをもつ習慣は、田舎ではなかった。宿題はあったはずだが、やらずにいって先生によくしかられた記憶がかなりはっきりあるところをみると、家ではだいたい勉強というものをしなかったか、したとしても、あいたへやに小さな机を適当にもちだしてやっていたのだとおもう。母はけっしてうるさくはなかったが、宿題はちゃんとするようにといわれた記憶ははっきりしている。それをごまかすのにいろいろ小細工をやった。学校からかえるとランドセルをほうりだして、すぐにあそびにでてしまって晩飯までかえらないのがふつうだった。大きくなってから長兄からきかされたのだが、下校の時分になって長兄が父と家の中からみていると、板塀のしたからそっとランドセルがふたつ庭にさしこまれて、パタパタとふたりがにげていく足音がよくきこえたということだ。弟に私のランドセルをいっしょに塀のなかにいれさせていたのである。自分ではこれでうまくにげたとおもっていたのだろう。私はまったく放任されてそだったという気がしていたし、実際にそうだったが、親はやはりちゃんとみていたようだ。それはともかく、だいたい家で勉強するという習慣は子供たち全体になかったようにおもう。

中学にいくようになってからは、もとの工員の食事室を勉強べやにしてくれた。そのころ長兄は兵隊でビルマにおり、次兄、姉とつづけて学校のために家をでて家にいなかったから、家族はすくなくなっていたが寝る方式はかわらなかった。なにしろ仮ずまいだから、そういう変化はなんどもあった。そのころはわからなかったが、両親は仮ずまいのなかで、子供の成長にあわせたへやづくりをいつも考えていたことが、いまになって思いあたる。

上水道はもちろんなく、どこの家でも井戸と手おしポンプをつかっていた。ただ私の家は、縮緬の製造工程で糸によりをかけるのに大量の水をつかうために、井戸は生産設備の重要な一部で、家のまわりには井戸が三つあり、工場の動力で汲みあげていて、これを家庭用にもつかった。水は豊富できれいだった。

一九九五年現在ここは工場の一部として仕事場になっている。便所がなくなり、縁側のところがすこし拡張されてへやになっているが、間どりは子供のときのままで、板戸の襖もむかしのまま、柱には小学校のころの背くらべのあとまでのこっている。安普請なので柱にきずをつけるのは平気だったらしい。こうなるとここでそだった兄弟にはこれはひとつの文化財で、いつまでものこしておいてほしいくらいのものだが、姪夫婦が家業をついでおり、私のような根なし草はもちろん勝手な口をだす権利はない。

子供のころなにをしてあそんでいたか。学校から二時か三時ごろかえってきてすぐにあそびにでてしまう。それからくらくなって晩飯の時間になるまでかえらないのだから、毎日三、四時間はあそんでいたわけだ。いまとちがって小学校のころ私は元気だったらしい。野球、戦争ごっこ、家の前の小川でざるをつかって魚とり。魚といってもちいさな鮒かどじょうしかとれなかった。

図69　現在の生家

田舎のことで空き地はいっぱいあって、場所には苦労しなかった。それどころかある種の危険もあった。小学校にあがるかあがらないかの頃だったとおもう。よその家のうら庭で何人かの子供たちとあそんでいた。そこの畑のなかにいっぱいになった肥溜めがあって、表面がかたまって石のように変色していた。私は平たい石がおいてあるのだとおもって、ひょいとその上にとびのった。たちまちずぶずぶと首まで肥のなかに沈んだ。まわりに子供たちがいたからすぐに大人に知らせてたすけあげてくれた。春先で毛糸のセータをきていた。沈んだときの感触はいまでもおぼえているが、セータをぬがせてもらうときの感触はおぼえていない。そちらのほうが大変だったろうとおもう。すぐまえに小川がながれており、そのなかにはいって荒あらいをしてもらった情景も記憶にある。

もがいて肥溜の壁面をひっかいたらしく、爪にいっぱい肥がつまって、これをとるのに難儀をしたと母がいっていたが、こちらのほうは私は記憶にない。

こんなのはおさない無知からくる単純な失敗だが、野原や山であそんでいると、この種の危険にはたえずであう。海でおぼれかけたこともある。そんなことで自然環境のある種の危険をさける感覚を身につけたようだ。そのかわりに車や人ごみにたいする防御本能は身につかなかった。

危険といえば、小学校の五年のときに、学校で塩素をすって死にかけたことがある。理科の時間におなじ理科室で前の時間に一年上のクラスの授業があり、教師の大きな机の上にビーカーがふせておいてあった。あれは毒ガスだとみんながいっていた。私は毒ガスというのはどんなものだろうという興味からビーカーを手にとってすってみた。とたんに咳がでて息ができなくなった。息を吸おうとするとせきこんで吸えないのだ。私は身をおってくるしんでいたが、まわりの連中は冗談だとおもったのか、わらってはやしたてていた。そのうちどうやらほんとうだとわかったようで、保健室にかつぎこまれてベッドにねかされ、綿にしませたアンモニアをかがされた。それが適切な処置だったかどうかは今でもしらない。たぶん医者がよばれたとおもう。記憶ではずっと意識ははっきりしていたとおもうが、これもほんとうはどうだったかわからない。二年下の弟はさわぎをきいてみにきて、これは死ぬかもしれぬとおもったそうだ。そのあとの記憶ははっきりしないが、夜おそくになって、担架にのせられてかえり、二、三日ねていたようにおもう。

考えてみれば小学校で、濃い塩素のはいったビーカーをふせたままで机の上にほうりだしておくというのはむちゃな話だ。私はそのときもいまも、事故は私のおっちょこちょいのせい、よくいえば旺盛な好奇心のせいだったとおもっているし、むしろ毒ガスのはいったビーカーを密封もせずに机のうえにほうりだしておくおおらかさをうれしくおもいだすのだが、いまだったら補償だの訴訟だのというさわぎになる性格を十分そなえた事故だった。

公園などというものはなかったし、鉄棒やブランコは小学校の運動場にあったが、ブランコなどはおもしろいとおもったことがなかった。いまでも私は町のなかの公園というものに魅力を感じない。ブランコのかわりに、友だちと山の急斜面の高い木の枝に長い縄をむすびつけ、それにぶらさがって宙にとんでまたかえってくるというターザンもどきのあそびをした。藁の縄でよくきれなかったものだとおもう。きれていたら運がよくて手か脚をおるか、下手をすると死んでいたかもしれない。もちろん親はそんなことをしてあそんでいるなんてしらなかったとおもう。あそびといえば仲間であそびを考えだすか自然にはたらきかけてあそぶ装置をつくりだすかしかなかった。それを私は幸福感とともにおもいだす。

村には本屋はなく、隣の町に本の取次をしている店があった。ここから『幼年倶楽部』、すこしおおきくなって『少年倶楽部』が毎月とどけられた。これが楽しみで、くると夢中になってよんだ。一世代前のひとたちは「立川文庫」が子供のころの必読書だったらしいが、私は子供のころこの名前を目にした記憶がない。私たちがよんだのは「少年講談」というので、ずっと後おとなになってから「立川文庫」の復刻版がでたのをかってよみ、「少年講談」というのは「立川文庫」の子供版だということをしった。これはまったく夢中になってよんだ。自分で全部をそろえるわけにはいかないから、だれかがあの巻をかったという情報はたちまちつたわり、それをかりる順番がくるのがまちどおしかった。

一七のとき軽い結核にかかり、一年学校を休んだ。この休学期間は、べつに隔離を必要とするほどの症状ではなかったし、またいつもねているわけではなかったが、ふとんは敷きっぱなしのことがおおいし、むしろほかの家族の迷惑を考えてか、祖父母の隠居にくっついた四畳半のへやをあてがってくれた。ここはもと男子工員の宿舎と、祖父母のすんでいる隠居にはさまれた、たぶん納戸として物置につかっていたへやだとおもうが、そのころそういう工員はいず、兄夫婦がすんでいた。これは個室といえば個室だが、へやの両側に隠居と宿舎からそれぞれ便所につうじる縁側があるという奇妙なへやで、個室という感じはなかった。それでも病気の期間自分のへやをもてたのは、仮ずまいといってもやはり田舎のとりとめはないが規模は大きい家のおかげだったろうとおもう。このへやは一九七二年兄が今の家をここに新築するためにこわされた。

母の生家

子供のときの家というと、自分の住んだ家とおなじくらいのあざやかさ…というよりもなつかしさで、母の実家のことがおもいだされる。

母の実家は汽車でふたつむこうの駅のちかくの村の農家で、もう細かいところはおもいだせないが、典型的な「右勝手」の田の字型の農家だった。つまり土間がはいって左、床面が右にある型である。柳田国男の説では右勝手の田の字型農家は関西に多いということで、それはいろりのまわりの主人と客との関係からきているのではないかという。この配置では刀をもった客が、主人に殺意をいだいた場合、主人にきりつけやすい。にもかかわらずこういう配置にしたのは、関西でははやくから戦乱がおさまったからで、関東では左勝手の農家が多いのだそうだ。左勝手では客は主人にきりつけにくい。左勝手はそういう警戒と関係があるのではないかというわけだ。その典型的な関西の右勝手の田の字型だった。私は田の字型の農家のことを考えるときにもひとに説明するときにも、この母の実家の間どり、たたずまいをイメージしている。

母は五人兄弟の末っ子で、長男は別の町で造り酒屋をしており、次男が農家をついでいた。この伯父は風貌も人柄も仙人のようなひとで、おそらくその人柄のために貧農の一生をおくったが、母と仲がよく、父ともうまがあった。母の母がここに住んでおり、母はよくここにかえった。いつもわれわれ兄弟何人かがいっしょにつれていってもらったが、それはひどくたのしかった。私の家も農村だったから、それは都会から田舎にいったたのしさといったものではない。それでもいつも織機の音でうるさい生家とちがって、そこではまわりにはたんぼがひろがり、ひろい屋敷は細い黒竹の生け垣にかこまれて、合図をするとにわとりがいっせいに集まってきた。私には「ふるさと」というと、生家よりもこの農家のほうがうかんでくる。それは子供のころの甘美なおもいでにつながっているうえに、本などでよむ「ふるさと」が、たいていこういうイメージでえがかれていたからだろう。それでおもいだすことがある。子供のころ絵本でみる田舎の風景が、自分のまわりにみられないのがいつもふしぎだった。絵本では農家のまわりに葉がおちて全体がまるい姿をした大きな木がはえて、地平線の上に太陽がしずみかかっている。けれども山陰地方では海にしずむ太陽は夏には毎日のようにみたが、太陽が地平線にしずむということはない。それはほとんどエキゾチックな農村風景だった。のちに大人になって東京に住んで、はじめてあの風景が武蔵野や北関東の農村の風景だったということをしった。あのまるい姿の木はけやきだったのだ。私のまわりでみるのは松、杉のほかはしいなどの照葉樹がおおく、けやきの大木はみたことがなかった。東京中心の出版機構からすると当然のことかもしれないが、あの絵本の農村風景は、西日本の大方の子供たちにはなじみのない風景だったのではなかろうか。

この家は南側の入り口をはいると広い土間のまんなかあたりに「くど」(かまど)があり、くどの前にはふろの腰かけのような台があって、それに腰かけて火ふき竹で火をたいた。奥の壁にそってながしや井戸があった。入り口をはいったすぐ左にたたみ一畳分ほどの牛小屋があって、牛が一匹いた。牛小屋は別棟があったが、土間のは冬用だったのだろう。牛小屋につづいて壁ぞいに五右衛門ぶろがあって、土間からいきなりあらい場にあがるようになっていた。

床のほうは記憶ではいろりのある「だいどころ」しかうかんでこない。「座敷」は私たちがいったときにつかわれていた記憶はない。寝室の「なんど」には、はいったこともあったのだろうが、まったく記憶がない。やはりいろりのあるへやが生活の中心になっていたことを、たまにたずねた子供の

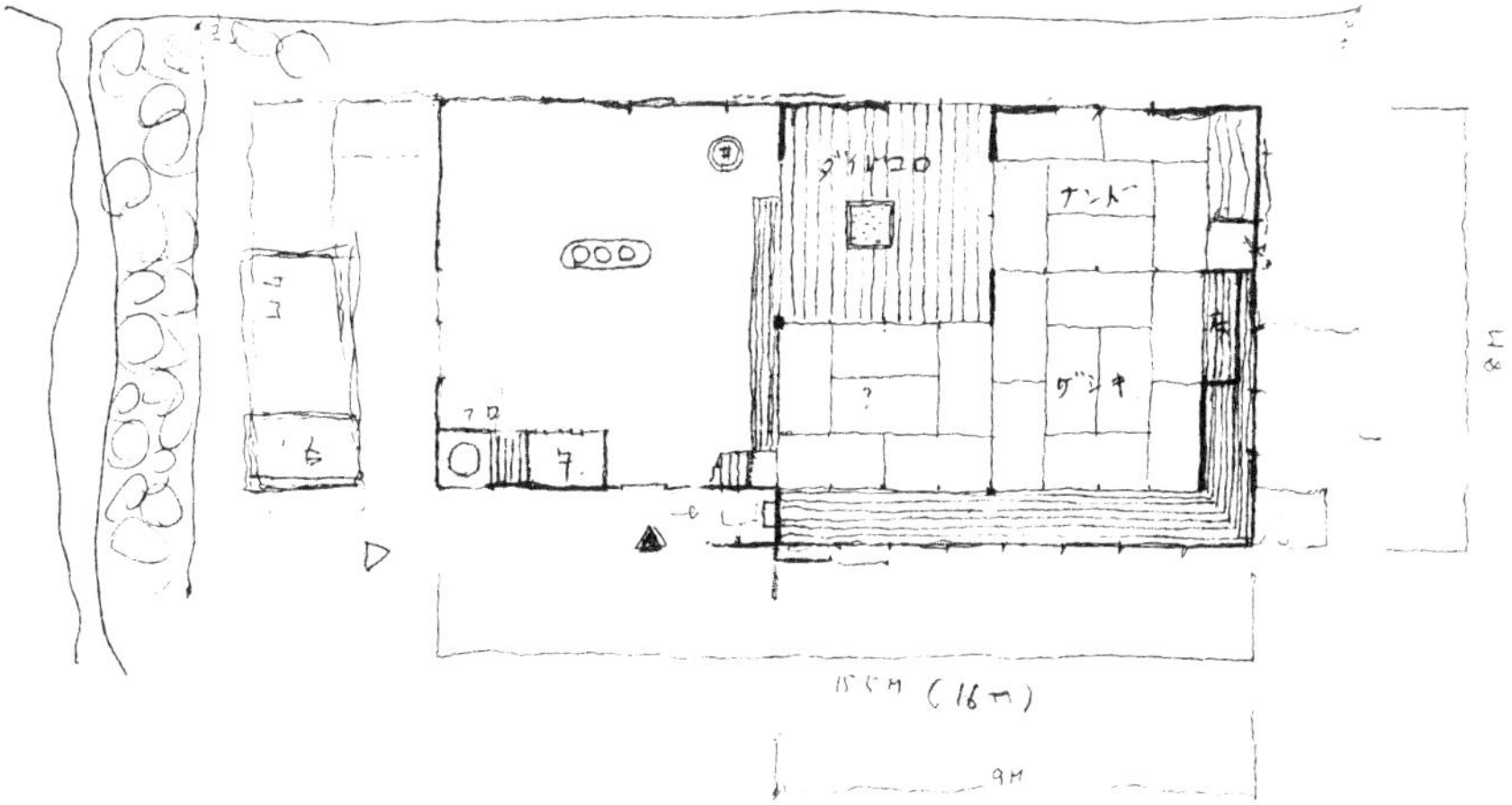

図70　母の生家

経験からも理解するのである。

　この家を一九九五年の秋にほとんど五〇年ぶりにたずねた。図70の間どりはそのとき話をきいたり記憶をたどったりして復元したものである。五〇〇坪ほど敷地があるので、今では一家は北側に新しい住宅を建てて住んでいる。もとの家はまず茅ぶきがかわらにかわって、印象がむかしとひどくちがう。内部は床部分はかわっていないが、土間が床をはられ間仕切りされて、それに今は物置、作業場につかわれているので、荒れるにまかせてある。建ってから一〇〇年ちかくはたっているだろう。敷地がせまかったら、とっくにこわされて建てかえられていたはずだ。作業場だから荒れたままでものこっているのである。

　おなじ村に母の長姉の嫁いり先があり、そこもよくたずねた。この家は街道ぞいにあって通称「やどや」とよばれていた。農業をしながら旅籠のようなこともしていたらしい。間どりはこちらは左勝手のまったくの「田の字型」である。座敷にでも旅人をとめたのかもっとむかしこれとはちがう家にとめていたのか、ともかく私の子供のときにはもうひとは泊めてはいなかった。通称だけがのこっていたのである。いまでは私と同年輩で母の姉の孫にあたるひとが家をついでいる。

外観は補修のほかには手を加えた形跡はなく、内部は床のほうは間どり、巨木をつかった柱、梁はむかしのままで、障子、天井板などはあたらしくなり、土間はタイルが張られて見ちがえるようにきれいになっていた。子供のときの記憶では、くらくて雑然としてよごれた家という印象しかのこっていない。土間はたたきで、はいるとすぐ右側に牛がいた。今では農家はみな、ふるい家も新築も、専用の住宅になっていて農作業は別棟でやっている。

一〇　京都の下宿

一九五一年に一九歳で大学にはいり、家をはなれた。子供のときの住生活の記憶はもっぱら「家族生活」のイメージで、自分の生活、自分のへやというイメージはまったくうかんでこない。そのことを私はすこしも残念におもっていない。むしろ幸福におもっている。いまから思うと、戦中戦後にかけては家計がくるしい時期もあって、両親も戦争からかえって家業をついでいた兄も苦労をしたと思うが、家庭生活全体は平穏で幸福な子供時代をおくったとおもう。しいていえば、高校のとき軽い結核で一年やすんだときは、とりかえしのつかないおくれをとったような気がしたが、それはそういうときに青年がおもいこむ気苦労で、数年たつとべつにどうということはなくなった。

京都で六年間下宿ずまいをした。個室の生活は下宿生活からはじまる。個室といってもひとつのへやをひとりでしめるというだけで、およそプライバシーなどはないが、親とはなれてひとりぐらしをすることのプライバシーは、年齢が年齢だけにかけがえのないものだった。ずっとのちになって大学生の次男が、自宅からかよえるのに下宿をしたいといいだしたとき、私は反対したが気持ちはまったくよく理解できた。そのときは家内の病気があったりして子供はおとなしく引きさがったが、そういうことがなくて子供がどうしてもとがんばったら、許可していたかもしれない。

そのくせ日々の記憶は下宿でひとりで屈託していた印象がつよい。べつに人生について煩悶していたわけではない。病気がちでスポーツや山のぼりをするわけでなく、それにだれでも二十歳前後の時期は自信と不安、希望と落胆、傲慢と自己卑下のあいだを極端にゆききするものである。そのころの学生の娯楽といえばマージャンと映画が主なものだったが、私は体の都合でもっぱら映画だった。ふだんは大学にもあまりでかけず下宿でねころんで、格別の方針もなしに、いろんな本を読みちらかしていることが多かった。たぶん私は下宿に「住んで」いた時間が、平均よりながかったのではないかと思う。

下宿は最近はアパートを借りるのがふつうのようだが、そのころは個人の家の一室を借りて、街の大衆食堂で食事をするのがふつうだった。戦前の学生生活をよむと、まかないつきの下宿が多かったようだが、私のころはまだ食堂では食券のいる食糧難がつづいており、まかないつきはほとんどなかったとおもう。部屋はふとんを入れる押入れのついた四畳半か六畳の畳じきの部屋がふつうで、これに勉強机と小さな本棚をおいた簡素な部屋である。一九五〇年代に私は一五〇〇円から二〇〇〇円の部屋代をはらっていた。大学出の初任給が一〇〇〇〇円以下のころである　六年間に私は五つの下宿に住んだ。四回引っ越しをしたわけである。引っ越しの動機は気分の転換をはかるためだった。部屋の情報は友人の間の情報交換によるものが多いが、大学のほうでも情報を提供してくれた。現在とちがって民間の情報機関を利用することはなかった。

私としてはそれぞれの下宿に思い出もあるが、へやも生活様式もだいたいおなじだったし、それにへやのディテイルになると記憶があやしいので、場所だけあげておく。

最初に下宿したのは左京区田中飛鳥井町の父の知人の家の二階の六畳だった。へや代は一二〇〇円か一三〇〇円だったとおもうが、はっきりおぼえていない。大学から東山通りをすこし北に上がったところで、ここはむかし西田幾多郎、波多野鼎などの哲学者が大勢住んでいた町だそうだ。そんなことはそのころ知らなかったし、今でもそれらの碩学がどのあたりに住んでいたのかしらない。

食事は約五〇〇メートルあるいて大学の食堂か、百万遍の角の大衆食堂でした。値段はわすれたが、大学の食堂で、かけうどんが一杯一〇円だったことはおぼえている。

ここから私は一年間宇治までかよった。そのころ一回生は宇治分校で授業をうけた。市電と京阪電車をのりついで一時間半ちかくかかったようにおもう。これがおっくうで、すっかりなまけぐせがついた。二年目は吉田分校ですぐちかくになったが、なまけぐせはなおらなかった。ただ私はよくいわれるように「教養課程」をつまらないとおもったことは一度もない。きいたかぎりの講義はおもしろかった。なまけたのはもっぱら私の怠惰からだったと自分でもおもっている。

下宿した家は、いまでは家族もよそへうつり、まったく別の新しい家が建っている。

そこに二年間いて、三回生になったとき洛北の下鴨梅の木町にうつった。これは疏水べりの一軒家で、大学の掲示板にでていたのをみて訪ねたのだ。ここは家主は住んでおらず、家主の友人だという法学部の大学院の学生が管理をまかされていた。住み手は学生ばかり。この管理人はまず「敷金は違法だからとりません」といい、それから契約めいたことを法律用語をつかっていろいろいったが、要するに家賃をちゃんと払えということだったとおもう。私のへやは一階の北側の六畳間で、ふすまをへだてて管理人の学生、二階にはおなじ学年の文学部と薬学部の学生が住んでいた。家賃は一五〇〇円だった。

これはちょっと上等の寮のようなもので、自由で気分のよかったおもい出ばかりのこっている。ちょうど学生運動のさかんなころで、天皇の来学を「平和の歌」と公開質問状でむかえた「京大天皇事件」、規則違反の集会をひらいたという理由で警官が導入されてさわぎになり、学生のデモ隊と警官が橋のうえで衝突してけが人がでた「荒神橋事件」などが記憶にのこっている。私はおよそ非活動的で主義主張のない無定見な学生だったが、どの事件だかで指導者の文学部の学生が警官におわれているので泊めてやってくれと、私の友人からたのまれて、ひと晩だかふた晩だか泊めてやったことがある。たしかに考えてみればこんな安全な隠れ家はすくない。

しばらくは私自身の友だちが、下宿の修繕工事とかでころがりこんできて、数か月いっしょにすごした。ちかくに適当な大衆食堂がなかったので、私は自炊をしていた。ひとりはともかくふたりになると、話題は今夜なにをつくろうかという話になる。それにひとは思い屈するとなにか食おうという気になるものである。ことに若いときはそうだ。私はこの下宿で、一日中自炊の献立を相棒と相談していたような印象がのこっている。相棒は古本屋からなにかの雑誌の付録の、うすっぺらな料理〇〇選といったものをかってきた。といってもこった料理をつくる金も材料も、それにまあそれほどの暇もなかった。だいたい鯖などの安魚の煮たのが多かった。そのころは栄養といえば蛋白質の補給が大きな関心事だった。今の栄養常識からいうと、野菜が極端にすくなかった。その点でも栄養は「失調」していた。

この牧歌的といっていい下宿生活は残念なことに一年でおわった。おいだされたのだ。べつにわるいことをしたわけではない。ほかの下宿人も私もまったく知らなかったが、この家は私たちがはいる前から、所有権かなにかをめぐって訴訟の対象になっていたらしい。それがどうやら決着がついて売ることになったということだった。同居の友人はすでにもとの下宿にかえっていたが、彼の隣のへやがあいているというので、こんどは私がそこにころがりこんだ。

この疎水べりの家は先日とおってみると、両側は新建材の新しい家にかわっているのに、ここだけ昔のままの姿で建っていた。住人は私たちがたち退いたあと、これをかいとってそのあとずっと四〇年間すんでいるとのことだった。

三番目は大学のすぐちかくの左京区北白川追分町。京大理学部とおなじ町内である。これはたぶんはじめから学生の下宿を考えてつくった家だろう。玄関をはいると家人は廊下をまっすぐに、下宿人はすぐに二階にあがるようになっていた。学生ばかりでなく、一時初老の画家が、家族を田舎においてひとりで住んでいた。

相当にふるい家の四畳半で、床がわずかにかたむいていた。それは目でみてもすわってみてもわからない。ねるとわかるのである。ほんのわずかの傾斜だが、なんとなく体がずりおちるような、頭に血がのぼるような感じがする。人体のこの種の感覚が非常にするどいものであることをはじめて知った。この家は今はあとかたもない。

四番目は熊野聖護院町。熊野神社の裏手で大学病院の正門のちかくにあった。通り庭が裏の庭までつづいた町家型だったが、床部分は奥行きに三つへやがあり、それが二列にならぶ「六間どり」の大きな家で、一階は初老の夫婦と娘さんの三人家族が住み、二階には私のほかに親子三人の家族が間借りしていた。私は二階の南のたぶんいちばんいいへやをかりた。床の間つきでたしか八畳、家賃は二〇〇〇円をちょっとこしたかとおもうが、はっきりおぼえていない。ともかく京都で住んだ下宿のなかではいちばんりっぱなへやだった。そのくせ、というよりたぶんそのせいで、なんとなく落ちつかなかった。しまったかなという気が最初からした。新しくはないが、それだけに床の間もりっぱで、本棚をおいたりするのははばかられた。明窓浄机というほどではないが、どことなく窮屈な感じがした。それに食堂が高い。病院がちかいので食堂はたくさんあったが、病院関係というのはやはり食べ物をおごるのか高い(一九五四年で、まだ食べ物は不自由していた)。家のひとはしごく親切でいいひとだったが、卒業して大学院にいくことになった機会に、四年ででていく友人の下宿のあとにはいることにした。結局ここには半年もいただろうか。

最後がまた北のほうへいって、下鴨松の木町。この下宿は二階の六畳で床の間つき、家賃は二〇〇〇円だった。家は通り庭はないが、せまい間口の町家風の家で、一階は廊下が奥までとおり、へやが奥行きに三へや、廊下をへだてて風呂、便所、洗面所などがならび、台所は玄関のすぐ右手にあった。家人は主人夫婦に小学校の女の子ふたりの四人家族。

二階には前庭に面した廊下をとおってから階段であがる。二階にはふたへやあり、もうひとつのへやにも学生が下宿していた。南と東に窓があり、町家風だから、窓をあけるとすぐに一階の下屋の屋根があって、隣の屋根がつづいていた。夏には朝日と南の日がさしこみ、それにかわら屋根の照りかえしでおそろしく暑く、天気の日の朝にはいつも雨戸をしめていた。それでもこの下宿は居心地がよかった。へやは適当によごれて窮屈でなく、ちかくに大衆食堂がふたつあるのもたすかった。

町の大衆食堂ではまだ外食券が必要で、ごはんはどんぶりにもりきり一杯。それにほとんど具のはいっていないみそ汁。おかずは棚に二、三種類ならべてあって、そのなかからえらぶ。小さなさんまをやいたやつに、もうしわけほどのキャベツをきざんだのが皿にのっていた。ついでにいうと、朝はパンにマーガリン。バターは貴重品で学生にはなかなか手が出なかった。ちょうどこのころ大学生協が東北地方の江刈村(?)の農協から産地直送の「江刈バタ」を格安で仕いれるこころみをやるのが話題になった。ひどく朗報のようにおもったが、期待しすぎたせいか、おもったより高くてがっかりしたことをおぼえている。関係者はいろいろ苦労したにちがいない。

ひるは大学の食堂だが、いまの学生食堂のように種類も質も豊富ではなかった。まずしい学生は、ごはんにソースをかけただけですますということが話題になったりした。敗戦直後ほどではなかったにしても栄養は十分でなく、なかには栄養失調の学生もいたはずだ　家のひとも親切で、酒ずきの主人がときどき酒の相手をせまるので、そのころ酒がまったく飲めなかった私は閉口したが、強要するというほどではなく、むしろそれくらい親切だったわけだ。この下宿には二年間いた。そこで大学院をおえて、そこから東京に引っ越した。その後たずねたことがなく、最近いってみたら、やはり両隣は新しい家にかわっているのに、ここは外観はもとのままだった。下宿をした五軒のうち、もとのまま(内部はともかく)でのこっているのは三軒。残存率六割。大まかにいうと、これはこの四〇年間の京都の町の更新の程度にだいたい重なっているのではなかろうか。

六年に四回下宿をかわるというのは多いのかふつうなのかわからない。ただ私の場合、下宿のへやや人間関係、家のひとが不愉快で、居心地がわるくてかわったということは一度もなかった。いつもちょっと気分をかえようという気持ちからだった。居は気をうつすというが、それで気分がかわったらなにか新しい展望がひらけそうな気がしたのだ。これは一種の他力本願で、だいたいなまけものの考えることのようである。このごろでは家やへやをかわったって、気分はすこしはかわるが、それで仕事にはずみがついたりはしないことがわかっているけれども、学生のころはまだそういう効果を信じていたようだ。下宿をかわる動機はいつもそれだった。

大学に入学した一九五一年、私は家から月六〇〇〇円の仕送りをうけていた。記憶ははっきりしないが、この額は六年間かわらなかったようにおもう。ただ大学院の二年間は育英会の奨学金二〇〇〇円が加わった。六〇〇〇円というのはだいたい平均ではなかったろうか。もちろんもっとおくってもらっている学生もいたが、まったく仕送りをうけないで奨学金とアルバイトだけでやっている学生が、私のまわりにもひとりならずいた。この額はいまの金でどれくらいになるだろうか。そのころ大学出の初任給が一万円弱だったとおもう。最近の初任給を一四万円として、それを目安に換算すると、八万円強になるが、物価の上昇率から考えると五、六万円の感じではなかろうか。途中断続的にアルバイトをしながらなんとかやってきたが、食事のまずしさは今の比ではなかった。

へやはいちばん小さいのが四畳半、大きいのが八畳。家賃は一五〇〇円から二〇〇〇円で、これはたぶん当時の学生の下宿の平均像だったとおもう。食事は外食、ふろは銭湯、たらいで洗濯がふつうで、冬の暖房は小さな火鉢ひとつ。これは学生のふつうの暖房設備(?)だった。「京の底びえ」という言葉もあり、寒くなかったはずはないが、寒かったという記憶はあまりのこっていない。ただよくかぜをひいた。それが一度ひくと高熱がでてなかなかひかないのである。あとから考えると、もともと体力がとぼしい上に、やはり栄養不足のせいだったろうとおもう。栄養失調まではいっていなかったろうが、不足していたことはたしかで、それに栄養のバランスも失していた。こういうかぜは結婚してからはひかなくなった。

そのころ洗濯機はなく、大きな木のたらいに洗濯板をおいて、裏庭で洗濯した。けっこう面倒で、そうしょっちゅうするわけにはいかない。だいたいひと月に一度ぐらいだったろうか。下着はよごれると押入れにほうりこんで、全部よごれると、ほうりこんだ中から、よごれ方の比較的すくないのをえらんできる。自宅から通学していた学生はそんなことはなかっただろうが、下宿生はだいたい似たようなことだったろうとおもう。たぶんそのせいで、今でも私は毎日下着をかえる最近の習慣になじめない。余計な家事をふやしているという気がする。上着、ズボンのクリーニングという観念は、私にはなかった。上着はつめ襟の学生服一着を、一度もクリーニングせずに四年間きていた。卒業のころには、袖の肩のところがもげそうになるほどやぶれていた。私はおしゃれではないが、バンカラではなおさらない。おしゃれな学生もいたが、学生の服装はだいたいそんなものだったとおもう。

ふろはもちろん銭湯で、どの下宿でもちかくにあったが、週に一度がふつうだった。その後下宿は四回かわったが、洗濯、銭湯、外食のパターンは六年間をつうじてかわらなかった。

「下宿文化」というべきものがあるようにおもうが、こうしてかいてみると、下宿文化の変化におどろかないわけにはいかない。戦前と私たちのころもちがうようだが、それは主として食事のとり方、まかないつきか外食かのちがいが大きいらしい。けれどもいまでは居住方式そのものがかわった。いまの学生のバス・トイレつき、冷蔵庫からエアコンまで備えたワンルーム・マンションで毎日「朝シャン」とやらをやる生活はまったくイメージがちがう。食事も大学の学生食堂の献立をみるだけでも、ちがいは歴然だ。私の学生のころはクラスに結核の患者あるいはその経験者がかならず二、三人いた。現に私がそうだった。栄養不足が無関係でないはずだ。いまは学生の健康診断から胸部の検診を除外するまでになった。

「下宿」という言葉は今でもつかわれるようだが、たぶん清潔で、ひとへやで日常の用がたりてしまうあのワンルーム・マンションを、下宿とよぶのは僭称だという気がする。私にとって下宿というのは足りないものだらけで、それがふつうで、わびしくてひと恋しくて、多少とも猥雑で、いつもだれかを訪ねたり訪ねられたり、ときにはそのまま泊りこんだりして、それがそのままあるはなやかさにつながるイメージである。家のひととの、わずらわしい一方で気持ちのやすまるつきあいもある。生活はまずしかったが、それは「青春」とほとんどそのまま重なるイメージをもっている。ワンルーム・マンションを気やすく下宿だなんていってくれるなという気分である。郷愁からくるむかしの美化にちがいない。ワンルーム・マンションにも、われわれのものとはちがうにしても、それなりの青春はあるにちがいないのだが。

一一　最後のすみか——墓

墓をどうする

さてこれまで住んだりたずねたりした住宅にふれてきたが、やはりいずれ住むことになる最後のすみかのことにふれなければ、画竜点睛(というのはおこがましいが)を欠くことになるだろう。そう遠くない時期に引っ越すことになるこの最後のすみかのイメージについては、いろいろ考えているがまだはっきりしていない。霊園の一画を買えばいいではないかといわれるかもしれないが、私はあれがいやで買うつもりはない。だからいろいろ考えているのである。

私自身の墓なら、私があれこれ考えなくても子供にまかせることができる。ところが昨年妻をなくして、いやでもこのことを考えないわけにはいかなくなった。私よりはやい妻の死はまったく私の人生の予想を裏ぎるもので、そのために生活にふりかかったさまざまの事柄にくらべたら、墓のことなどはとるにたりない。がそれはともかく、墓のことでいうと、妻の死はかなりはやくから予想されていたのに、このことで妻と話しあう機会をつくることができなかった。ただまだ健康なころときどき話題になって、私の考えとそうちがっていないという印象をもっていた。墓をつくるなら気候温暖のところ、しかし必ずしも墓をつくらなくてもかまわぬこと、骨は散骨にすることなどだ。私自身は昔ながらの墓場や新しい霊園に墓石をたてる形式の墓は不要ということでは、考えがかたまっている。まず丘陵などをきりひらいてつくった霊園は、妻の死の直後から宣伝のダイレクト・メールがつぎつぎにおくられてきておどろいたが、これは感覚的にこのまない。しいて理屈をつけると、あれはゴルフ場とおなじでまぎれもない環境破壊だ。生きているということは、なにほどか環境破壊に手をかすということだが、死んでからまで環境破壊に手をかしたくない。一見清潔で整然としてあかるい雰囲気も気にいらない。せっかく死んだのだから、幽霊や人魂でも出そうな、耳なし芳一でも呼びだされそうな昔の墓場にはいりたいとおもうが、これはもう都市ではむりで、かりにあっても私のような流民は、はいりこむすきまはないだろう。私の故郷の田舎の墓場は昔ながらのこの型だが、墓というのは長男家族のもので、次男以下ははいる権利がないのだそうだ。これはただの慣習だから、三男の私もたのめばいれてくれると思うが、それほど執着があるわけではない。

けれども墓無用論のいちばんの理由は、墓をまもることとの意味が、昔とすっかりかわってきたと思えることである。今日都市に住むサラリーマンで、一生おなじ町に住んで墓をまもる確信のあるものがどれだけいるだろうか。子孫がばらばらになるからこそ、盆や彼岸に墓参りを口実にほうぼうから同族が集まるというのは、墓のご利益かもしれないが、そういう集まりは墓がなくてもできる。むしろなくなった先輩、友人をしのぶのに、遺族の家の都合を気にしなくても、すきなときにおまいりができるというのが、墓のいいところであろう。でも私などは死後のそういう心配をする必要は、まあないだろう。

それにさしあたりのこととして、この世で住宅難に難儀をした上に、あの世でまで高い金をはらってすみかをもとめるのがかなわない。最近共同墓の動きがあるそうだが、当然でてくる動きであろう。

いま私が考えている墓のイメージは、まず骨は散骨にするとして(法的には問題のあるところらしいが、だんだん認められる方向にあるようだ。私はこれがもっとも自然なすぐれた処理方法だと思う)、墓のかわりに位牌のようなものをつくりたい。位牌といっても、白木に戒名をかいて仏壇におくあれではない。二、三〇センチのながさの素焼きの焼きものに名前をかきこんだものだ。すこし凝って土偶のようなものもよい。これを自分でつくるのである。要するに仏壇ではないかといわれるかもしれない。そういわれればまあそうだが、あんなにきんきらきんの大掛かりな仏壇もごめんである。ちょうどこけしをおくように、なにげなくおいておきたい。引っ越すときにはいっしょにもっていく。自分が死んだら子供がひきつぐ。

これは〇〇家の墓というものではなく個人のものである。墓の主は、孫はともかく曾孫になると顔もしらず、その墓にはこけしほどの関心もないはずだ。その代になったら廃棄処分にしてもらう。それも「もえないごみ」としてすてられるのはやはりうれしくない。簡単で心のこもった儀式をへて、こまかくくだいて土にうずめてもらう。死者のあつかいにまつわるすべてのことは、結局生きているひとが納得できるかどうかの問題だから、しかるべき儀式をして納得すればいいのだ。

土偶を考える前には、庭の一隅に小さな石をおいて、これを墓にすることを考えていた。もちはこべるくらいの大きさで、色も姿もいい自然石をおくのである。骨をそこにうずめるわけではない。やはり散骨にする。場所は庭でなくても前にふれたように地下室でもよい。この案にたいして、子供たちは写真が一枚あれば十分だという意見だ。それも結構だし、写真は写真であっていいが、この自然石案もすてかねている。要するにいま迷っているのだ。

墓のことでいろいろ迷っていることを若い友人にはなしたところ、かれは私よりはるかに進んだことを考えていた。海岸の岩の姿のいいやつをえらんで、それを自分の(あるいはつれあいの)墓にみたてるというのである。盆やお彼岸にはそこに花をそなえる。べつのひとがおなじことを考えて、おなじ岩を自分の墓にみたてても、それはかまわない。私はそれをきいて、やられたとおもった。私のあれこれの案よりはるかにスマートだ。私は海がすきだし、もちろん私がその考えを借用してもかまわないわけだが、残念ながら私はいま海のちかくに住んでいない。実は私はあとでものべるように、丘陵について似たような墓を考えていた。けれども丘陵はたいていだれかの所有物だから、ひとのものをそのまま自分や妻の墓にみたてるというのは、やはりひっかかる。

私はなにもひとと変わったことをしてやろうなどという気は毛頭ない。ただいわゆる霊園はいやだし、昔の墓にははいれないので、自分に納得してできることをと考えているだけで、それがいろいろ考えられるので迷っているのだ。それにつけても慣習とか様式とか型というのはありがたいものだと思う。それにしたがっておれば、ことはとどこおりなく進行するのだから。こんなことでなやむのはばかげているとおもうが、さしあたり仕方がない。

ただ現在の墓の形式がこのままつづくとはとても思えない。墓は空き家を見つけてはいるような具合にいかないから、どんどん数がふえる。そこは住宅よりはるかに始末がわるい。ことに数と自然保護の点から、いずれ社会的になやんで考えなおさなくてはならなくなることはあきらかだ。共同墓のうごきなどはそのひとつだろう。

図71　自然石をおいた墓

現代の古墳——丘陵を墓に

もっと以前、まだ自分たちの墓が現実味をもたないころ、私は墓のあり方として、自然の丘陵をそのまま共同の墓にしたらという案を考えていた。町をとりまく小丘陵をいくつか選んで墓に見立て、そのひとつについてたとえば一〇〇人から一〇〇〇人くらいが共同の墓にして、おのぞみなら丘陵の地中に、ちいさな骨壷か名前をかいた位牌をおさめるのである。外からみたところは自然の丘陵そのものである。こういう丘陵群を郊外の自然公園と一体にすれば自然環境保護にもなる。使用権は霊園と同じように、会社なり公共機関が売りだしたらよい。

問題はこういう丘陵をひとびとが墓として納得するかどうかだろう。日本には昔から山をご神体としてあがめる思想があった。奈良県桜井市の三輪山はいつもひきあいに出される例だ。この思想を再興するのである。やはり大切なのは儀式だ。新しい儀式をつくって生者を納得させ、慣習にするのである。こういう儀式を考えるのは現代の宗教家にとって魅力的な仕事ではなかろうか。すくなくともコンクリートの塔でできた共同墓よりはるかにスマートで、生命の回帰する場所としてふさわしいだろうとおもう。

奈良県の明日香村などはそういう先祖まつりの聖地として絶好の場所だと思うがどうだろうか。それは地域の類まれな価値をいかした地域開発にもなる。

明日香村の保存問題は、外見としては、このわが国の古代文化の発祥の地が、大阪のベッドタウン化の波におかされて宅地化がすすみ、貴重な埋蔵遺跡がおびやかされるばかりでなく、色瓦の建売住宅などが建って、いかにも明日香らしいおだやかな風景がそこなわれるというところにある。実際には、風景をまもっている農業が、いろいろ保護をうけてはいるが、それでも地域経済として宅地開発に太刀うちできないということだ。それにしても、明日香の価値をベッドタウンとしての価値で値ぶみするというのは、なんともばかげた話ではないか。それもこのあたりの宅地の地価は大阪との関係できまるから、東大阪あたりの場末とおなじマーケットにならべられて、それよりやすく値ぶみされるのである。明日香の独自の価値を生かした地域開発のひとつの方法として、この聖地の造成が考えられるのではないか。

明日香には小さな丘陵が無数にある。なかには本物の古墳もある。それらの丘陵をうえにのべたような共同の墓にみたてて先祖をまつる。現代の古墳をつくるのである。その使用には使用権を第三セクターのような機関がうりだす。明日香の名をもってすれば全国から希望者が殺到するのではないか。埋蔵遺跡や風景を保存しながら地域開発としても十分宅地造成に太刀うちできるだろう。

墓は前にもいったように、ふつうは孫の代になれば関心はなくなる。けれども明日香なら、祖父母の顔はしらなくても、年にいっぺんぐらいは見物してこようという気になるだろうとおもう。

「人間到る所青山あり」というのはいい言葉だ。青山というのは中国では墓のことだそうだが、私は中国の墓がどんな様子なのかしらない。なんでも梨の木がたくさんうわっているということを読んだことがある。けれども、それは日本語の感覚の青々とした丘の風景なのだろうか。どちらにしても私はこれからの墓は、文字どおりに青い山であってほしいと思う。山をけずって芝をはって、石塔がずらりとならんだ墓はやめにしたいものだ。

ただふるい墓や有名なひとの墓はいろんな空想をさそうものがあってすてがたいところがある。墓の民俗学などもうまれているそうだ。

高野山などは寺域全体が伝説にうずまった場所だが、もう三〇年も前にはじめて訪れたとき、戦国武将の墓が無数にあることをしって「立川文庫」的教養から興味をおぼえた。それほどふるくない東京の多摩墓地なども、森鷗外や太宰治の墓などがあり、それにまつわるエピソードもあって、私はいったことはないけれども、あたらしい霊園にはない風格があるような気がしている。あたらしい霊園のいくつに、年月がたってそういう風格がうまれるだろうか。

パリの旧市街にはふるくから有名な墓が三つあった。ペール・ラシェーズ、モンマルトル、モンパルナスである。パリでもいまはこれでは足りなくなって、ペール・ラシェーズでは墓域のなかにアパート式の墓をつくっていたし、旧市街をとりまく環状道路の外側にたくさんの墓地ができて、緑地の一部をつくっている。

ペール・ラシェーズはたとえば『モンテ・クリスト伯』にもでてくるが、あれくらいふるくなると、民俗学の対象にもなるらしい。ずっと前、わたしはそういう研究グループ主催の見学会にさそわれて、友人といったことがある。オスカー・ワイルドの墓があって、これはホモのメッカになっているということだった(周知のようにワイルドはホモで、そのために牢にはいってい た)。いまはホモがほとんど市民権を得てきているらしいから、わざわざお参りにくるひとはすくないかもしれない。名前はわすれたがブロンズの女性の裸像があって、片方の乳房のさきが白くなっている。多産をねがうひとたちがお参りにきて乳房をなめるからだそうだ。学生のときによんだ「わが墓に一本の柳をうえよ」のミュッセの墓

図72　パリ，ペール・ラシューズ墓地のアパート式の墓(上)とその内部(下)

はここにあるが、そのときはみる時間がなかった。

モンマルトルの墓地にはスタンダール、バルザックなどの墓がある。椿姫のモデルといわれるマリ・デュプレシスの墓もここだ。フランスの墓石にはいろんな形のものがあって、大きさも形も犬小屋そのものといったのがあり、これは感心しないが、こういうひとたちの墓は見るだけでもある感慨をおぼえる。

共同墓や丘陵、海の岩を墓に見たてた墓ではこういうおもしろさは生まれないだろう。けれどもいまの墓をつづけていたのでは場所がなくなってしまうという、次元のちがう厄介がでてくる。それに丘陵や岩の墓も、ときがたてばそれなりにエピソードがうまれて、有名タレントのまつられていることになっている丘などは、若者をあつめてロック・コンサートがひらかれたりするかもしれない。そういう丘にいっしょにまつられるのは、私はごめんだが。

あとがき

まずいいわけをしておきたい。

たまたまこの本を目にされる読者は、ある年齢以上のひとなら、西山夘三氏の『住み方の記』をおもいだされるにちがいない。そして大和尚と門前の小僧ぐらいのちがいをみつけられるだろう。私自身がそうおもっている。「私のすまい史」をかいてみようとおもってあらためて『住み方の記』をよんで、私はたちまち元気をなくしてしまった。あのようにこまかで豊富な記録は私にはないし、詳細な生活の観察、批評、みごとなスケッチは私にはとてもむりだ。屋上屋ならまだしも、つまらぬ身辺雑記のようなことになるのではないか……。けれどもひとの生活史はひとりひとりちがっているし、それに私は関西と北海道というまったく風土のちがうところでかなりの期間生活し、そのことではいろいろ考えさせられた。そのことを記録しておきたいという気持ちがつよかった。気持ちをはげましてかきつづけた所以である。

足達先生のこと

換骨奪胎

足達先生は、研究上のことに関してもそうだが、決して頭ごなしにああしなさい、こうしなさいという言い方はしない。しかもむずかしい言葉で言うことはほとんどなく、できるだけ平易にわかりやすい言葉で話すのが常であった。それは研究室の学生たちに対してもそうで、学生たちのあいだでは足達先生はむずかしいことを言わない、したがって小むずかしい屁理屈を言わない先生で通っていた。

しかしその先生がときどきというか、ごくたまに私たちがあまり耳にしない言葉を言うことがあった。いわゆる漢字の四字熟語が多い。換骨奪胎もその一つである。この言葉はときに応じて比較的頻繁にきくことがあった。それもいいタイミングで言うのである。とくに学生の設計演習の指導時間帯で言われることが多かったように思う。足達先生の設計演習時の言い方はおおむね決まっていて、まねをしなさい、いいものをおおいにまねなさい、という指導方針であった。しかしそれは三年生の、建築を少し知り演習にもなれる段階になると、まねればよいという単純な言い方でなくなる。それにかわって要は換骨奪胎が大事なのです、となる。

はじめのうち学生たちもポカンとしている。いつもの口調ではない、ふだんとはまったく異なる調子の言葉がとびだしてくるのであるから、当然ではある。そこでやおら解説がはじまる。四字熟語のなかでも換骨奪胎は得意のフレーズで、説明はなめらかにすすむ。学生たちもアッケにとられながら、要領をえる。先人の作品の精神を生かしながら自分の新しき精神を加えるという、ものづくりにおいては相当に高度な話なのだが、なんとなく学生たちも表面的には納得してしまうのも足達流である。

しかしこの話は、先生の専門の一つである町並み保存の場面ではまさに本領発揮なのである。先生が自らかかわった本州のいくつかの町並み保存現場にいったおりには、よく調和とコントラストの話をされていた。古い町並みの精神を生かして現代の生活にあわせていくためには調和の精神が大事なのは言うまでもないが、ときにはコントラストの精神が重要な場面になるときも多い、ということを言われた。古いコンテキストの町並みに新しいデザイン、つまり新しい機能や建物をいれるときの話である。ということでよくそのコントラストのうまい例を見せていただいた記憶がある。なかでも京都の町家の古いファサードに大きなガラスのショーウィンドウを対比させた例やヨーロッパの石造りの町並みの中に一見まったく異質なガラスとコンクリートの近代的な建物がともに競うように並んでいる光景を見せられ、なるほどと思ったものである。換骨奪胎の精神は、先生のデザイン精神の根幹をなしていたと思ってよいだろう。

意表をつく

人の意表をつく発言をすることも比較的多かったように思う。換骨奪胎もそうだが、必ずしも言葉だけのことではなく、考え方そのものに及ぶことが多い。つまりこれは研究者の常、また本質と言ってもよいのかもしれないが、足達先生の場合はまたそれとも少し異なる。本当に奇をてらうようなかたちで人をびっくりさせるような言い方は絶対しない。また奇をてらうということをもっともきらっていたのも事実である。派手なしぐさ、おおげさな表現などは、論文においてもまた研究室でときどきとりくむコンペや町並み整備などの計画提案などの作成のときにも、いつもいましめられた。

しかしそうはいってもいつも意表をつく発言、意表をつく発想をするのは足達先生からであった。こんなことがある。先生が北海道大学に来られてから比較的すぐに札幌計画のプロジェクトがはじまった。研究室が独自にとりくむ仕事で、研究と計画(提案)の両方を同時に行う意義をとく、足達先生の考え方にもとづくやり方である。これは足達先生流というよりも先生の師匠にあたる西山夘三一門の流儀といった方がよいかもしれない。西山夘三の京都計画のときには確か足達先生も学生で参加していたはずである。

さて札幌計画だが、まずは札幌のよさ、特色さがしからはじまった。つまり計画資源の調査である。後には札幌の景観資源として定着するものであるが、はじめのうちは何が価値があるもので、何がないのか、何を特色としてひろったらよいのか皆目見当がつかなかった。そこで足達流の意表をつく発言がつづくことになる。ただこれを意表をつくといってよいのかだが、発見、発想につながるものとしてここではとらえておく。たとえば札幌はまちの歴史がない(和人側の歴史が短い)ので、本州のように歴史的町並みや景観資源としてよいものがない、ということが一般に言われていたときに、歴史がない(短い)のが特色でもある。この言い方は気をつけなければならないのだが、確かこのような言い方であった。要は、まちの歴史が短いことは逆に本州の歴史都市などとは異なる、自由なデザイン風土を生み出しているはずで、そのよさを見つけることがポイントということになった。事実そこからは従来の発想とは異なるやり方で札幌の景観的特色をみつけだし、つぎつぎと計画にとりいれることになった。

その一つに創成川がある。札幌の中心部を走る小さな運河である。それまではだれもほとんど注目していなかった川なのだが、札幌のまちの歴史を語るうえで欠かせない存在であり、札幌を水のまちにするうえでも大事な川である。しかしその川の両岸には札幌のまちを南北に走りぬける自動車幹線道路が通っているため、だれも川の存在に気づかないのである。その川に着目したのは足達先生と数人の仲間たちで、後にこれらの人たちが中心となり「創成川ルネサンス」という市民運動グループが結成された。この創成川ルネサンスは実にユニークな市民運動を展開したグループなのだが、その成果や活動の詳細は別の機会にゆずることにする。ともかく道路にはさまれ、目立たず、汚れ放題であった創成川に注目して、それを都心のウォーターフロントとして位置づけ、かつそこを中心に壮大な大オープンスペース型都心計画を展開することになったのである。そのエネルギーはすごいものであったし、いまでもエネルギーの炎はきえていない。
意表をつく発言から、意表をつく発想へなのだが、その根底には足達先生一流の豊かな構想力があることにつねに気づかされた。

しつけ

少し話題をかえる。あるとき研究室の飲み会でのことだが、ふとしたことから子どものしつけの話になったことがある。ただ子どものしつけの仕方とか、しつけの要領とかの話ではない。それとはまったく異なる、むしろ、しつけの内容とははずれる話なのである。それが足達先生一流の話だからおもしろい。興にのってみんなが注目したところで話されたのは、しつけとは自分ができなかったことをするのがしつけである、というのではないか。これには一同、感心するやら拍子抜けになるやらであった。

しかしこれは後でじわじわときいてくることになる。我が家でもよく子どもの話になったときに足達流のしつけの話になるし、それが時間がたつにしたがって、なるほど、なるほどと思うことしきりなのである。はじめのうちはこれは足達先生得意のユーモアで自戒の念をこめてすこし投げやりぎみに言ったのかな程度に思っていたのだが、そうではない。なぜなのか。とくにつよいメッセージ性はないのだが、かみしめるほどに、時をへるほどに味がますごとく、しつけの意味がこくなるのである。

自分ができなかったこと、それは何かを考えてみると、結局それは夢にたどりつく。ピアニストになりたい、バイオリストになりたいとは正直思わなくても、いつかどこかの舞台の上でちょっぴりよい思いをしたいと願う気持が、だれしもまったくなかったとは言えないであろう。医者になりたい、弁護士になりたい、あるいは建築家にといった職業にかかわることで言えば、より現実味を帯びるだろうか。そのためにももう少し勉強しておけばよかった、本を読んでおけば…というのは、もうだれでもがもつ有り体の気持であろう。それを、子どもに伝える、自分ができなかったこと、すなわち夢を子どもに託す、それがしつけ、というのである。

この話、学生に向かう場合にも妙に説得力がある。足達先生もときどき学生に向かって勉強はした方がよい、ということを言う。しかし決して強くは、また嫌みでいうこともないのだが、勉強はした方がよいと言うときの言い方で、しつけの話がすぐ思い出される私などには、本当になるほど、なるほどと思わされるのである。うまい言い方である。

ひらがな

先生はひらがなが好きだ。と言うのもおかしいが、毎年夏になると研究室では卒論生の卒業研究のための調査(いわゆるアンケート調査)が行われるのだが、その時に使用される調査票の作成に当たっては、随分と時間をかけた。時間のかけ方は二通りあり、一つは調査の内容に関することである。言うまでもなく、もっとも重要なことで、研究目的に沿って質問内容が適切に表現されているか、その言い方で調査される側の人にうまく調査の意図が伝わるかどうか、伝わったうえで内容がよく理解されるかどうか、よくよく検討される。そのときによく言われるのが、一度この内容で君(すなわち学生)の身近な人(親や祖父母などが対象になることが多い)に聞いてごらんなさい、という言い方である。つまり自分の親も分からないような内容の調査をしても意味はない、ということを暗に、そして厳しくさとしているのである。

内容の吟味がおわると、次に行われるのが「ひらがなチェック」である。つまり各質問文、回答選択肢などの文章のひらがな度のチェックがはじまる。チェックは徹底していて、はじめてこのひらがな変換作業をしたときはこんなものまでとよく思ったものである。いくつか例をあげてみると、選択肢でよく使われる「良い」、「悪い」は当然「よい」「わるい」になる。どんな人にわたるかわからない調査票の場合にはできるだけ第一印象をよくすることが大事で、その筆頭の条件になるのがひらがなをできるだけたくさん使って見た目にやさしい紙面をデザインすることが肝要だ、というのである。ひらがなにこだわる理由は、本来もっと深いところにあるのだが、さすがに足達先生もひらがなによる分かち書きまでは、つよく言うことはなかった。もちろんその話は何度か聞いたことがあるし、先生も分かち書きにこだわっていたときもあるようだ。しかし調査、研究に関する論文や調査票の類いまでひらがなオンリーにすることは、決してなかった。

さて、ひらがなを多用するのは、見ためにやさしいというのがもっとも大きな理由だが、それに加えて漢字にすると必要以上にその意味が強調されるきらいがあり、それを避ける意味もあった。「よい」「わるい」が「良い」、「悪い」になると、それぞれ意味が強調され、それも「よい」「わるい」が同じように強調されるのではなく、どちらかと言えばマイナスの方、つまり「わるい」の意味がつよくなる傾向があるため、それをさける意味があった。この場合ある良否を問う質問文に対する選択肢として、「一、たいへんよい　二、よい　三、ふつう　四、わるい　五、たいへんわるい」という五段階評価を採用することがよくあるが、この場合真ん中の「ふつう」（これも「普通」にはしない）を中心に左右の二つの選択肢は等距離にあることが必要になる。またそのように言葉を選び、選択肢を組みたてるのである。ひらがなにこだわる理由にはこうした科学的な根拠もあるのである。

他には、室名や家具など日常生活にかかわることもできるだけひらがなにしたい。いすざ（椅子座）、ゆかざ（床座）、すわる（座る）、たつ（立つ）、ねる（寝る）、いこう（憩う）、みる（見る）、ながめる（眺める）、ひと（人）など。また、建築用語も多くはひらがなを採用したように思う。ざしき（座敷）、だいどころ（台所）、げんかん（玄関）、なんど（納戸）、おしいれ（押入）など、難しい言葉はもとより、そうでないむしろやさしいと思われる言葉でも、ひらがなにしていた。ただしこれらの言葉は、その言葉の使われる位置によっては、漢字のままでいくこともあった。調査票の中の選択肢のように単独で言葉がおかれる場合には、ひらがなでほとんど問題がない。しかし文章の中にあっては、とくに分かち書きしない文章ではひらがなのみでは読みにくいことがある。しかしその真意は、ひとにやさしくという足達流ヒューマニズムなのである。

新しものずき

「きみ、こんなの知ってるか」といって話をきりだされ、「いえ、知りません」というと、まってましたとばかりに、さるあたらしくでたばかりの製品について性能、効用から他社製品との比較、有用性やお買いどくの判定まで、こまかに説明されることがときどきあった。べつにこちらとしては迷惑というものではなく、それよりも先生一流の解釈を期待して説明にのることがおおかったし、逆に新製品がでそうなときにはこちらから質問をするようなこともあった。

新製品というのは、とくに限定しているわけではないが主にカメラやテープレコーダー、ビデオ(撮影機、受信機)、テレビやワープロなどである。つまり当時最先端の小型化と高性能化がめざましく、つねに新しい性能を売りにした製品がでまわっていたものである。いまでいえば、パソコンやデジカメに相当するのだが、当時としてはフィルムカメラやテープレコーダーのマイクロ版が、フィールド調査に必携の有力ツールとして何がよいか、どこのものが一押しかなど研究者間でよく話されていたのである。そのなかからカメラについてとりあげると、足達先生はやはり小型カメラ指向で、当時でいえばスパイの必携品ともいえる超小型カメラのミノックスや沈胴式レンズが特徴のカメラなどの話がよくでていた。沈胴式という言葉は足達先生からはじめてきかされたのだが、その小型で描写力の高いカメラの性能に加えて、静かにしてじわっと安定的にレンズが出入りするしかけがいかにもよいという話をきくと、それだけでそのカメラの魅力にとりつかれたものである。先生が最後にももちあるいていたカメラは、オリンパス製のレンズ交換式小型カメラで、これは一眼レフではないが、広角から望遠までカバーするすぐれもののカメラであった。これも先生の自慢で、年をとると重たいカメラには閉口すること、その点でそのカメラは軽いうえに小型で軽い交換レンズがそろっているのが魅力で、住宅や町並みの写真などをとるのにぴったりということであった。

ここではカメラの話にとどめるが、ほかにも先生が愛用していた、その効用とかデザインとか、一家言おもちの品はいろいろあるのだが、それらに共通しているのは、人のちえ、そして人のたゆまぬ努力の成果なのかと思う。小型のカメラにみる、通常の大型カメラならば容易にもてる機能や性能を、その精度をおとさずにしかももちやすく手になじみやすいように配慮しながら、そこで達成しようとしている努力の過程をみているのであろう。そして結果的にその過程をあらわした結晶としてのデザインにきっとひかれたのだろうと思う。人の介在するデザイン、当たり前のことなのだが単にきれいとか格好よいとかではなく、少しでもよいもの、おおぎょうな言い方にて恐縮だが、社会の善なるものをめざして対象にはたらきかける人の努力やちえをよくよく反映していることの大切さを知るのである。

ひとのやってないこと

研究面では、つねに人のやってないことを、というのを、口ぐせのように言われていた。新しい研究分野をきりひらく、計画研究の分野に新しい道をつけるという意味もあろうが、そういう大研究を確立するという意気ごみよりも、新しい分野をみつけ、その意義をつたえるためにフィールドを走りまわることはおもしろいのだということであったと思う。つまり新しい研究＝おもしろい・楽しいのだ。反対におもしろい研究、楽しい研究こそ新分野にある、いいかえれば新しい研究分野の開発は必ずやおもしろいはずで、またそういうおもしろい研究こそ積極的にやるべきということであろう。

しかし先生自らきりひらいた景観研究の分野は、それこそおもしろい研究の代表格で、しかも景観は生活の景であり、つねに人のくらしと密接不可分の関係のなかでつくりだされるものという判断は、従来のものとは異なるまったく新しい価値判断による景観研究の体系化を促した。これなどは結果的に大研究といってもよいものに結実しているが、ご本人はやはりはじめは人のあまりやっていない分野をいろいろ模索していたとのこと。安心？

あるときはこんなことを言いはじめた。京都か大阪かは忘れたが、ともかくそこから東京までの新幹線の車中で、北向きの席（光の関係）に座ってカメラ（ビデオカメラでもよいがあとの編集が難あり）をかまえ、およそ一分おきに窓外の風景をとるべくシャッターを切る。そうするとおよそ一八〇枚（乗車時間が三時間として）の市街地風景を写した写真が手にはいる。三〇秒おきだとその倍の三六〇枚の写真が用意できるが、これはちと作業が忙しいということであった。この方法は市街地やその縁辺部が急速に都市化している様子だけでなく、それこそ現代の都市と農村のせめぎ合いの実態を如実に示す日本の代表的風景を切り取ることになり、しかも資料に客観性があるなど、ユニークな研究になるはずということで、議論が盛り上がった。残念ながらこれは一部実施されたことはあるようだが、体系化されるまでには至らなかった。

その前後に住宅デザイン観調査というユニークな研究方法が試みられたことがある。ひとびとの住宅デザイン(主として外観デザイン)の好みを、写真をつかって判定するもので、年齢層や地域により大きく異なるデザイン観をとらえ、市街地の風景や住宅地の町並み形成にもいろいろなかたちで影響している様子を研究では明らかにした。その地域の景観整備の仕方を考えるうえでも大事な基礎資料になるものである。方法は、十分に吟味して用意した一組六枚の住宅の外観写真(現代—伝統、単純—複雑などの組み合わせがある)を世帯主や主婦などに見てもらい短時間のうちに好きな順に並べてもらうという簡単なものである。一番好きなデザインときらいなデザインについてはそれぞれ理由を聞くのだが、それが地域や年齢層により特徴がはっきりとあらわれるのである。

すまい方の研究でこんなものもある。むずかしい言い方で恐縮だが生活詳細観察調査という長たらしい名前の調査方法である。私の学位をいただいた博士論文研究の基礎になったものである。あるとき足達先生とすまい方調査の話をしていて、どうにかして住宅内でいとなまれている生活を丸ごと観察することはできないものかという話になった(これは住宅研究者のかってな夢で、調査される方にとっては迷惑千万なことだが)。第三者(調査する側)が家の中に一日いるのは、第一、家族にとっては迷惑なうえにふだんどおりの暮らし方にならない可能性も大きい。人のかわりにカメラに観察してもらう方法も考えた。たとえば居間などの家族の集まり部屋に、一定時間おきにシャッターの切れるカメラをセットして一日の活動を観察するのである。しかしこれも第三者がいるのとおなじということで却下された。そのとき、思いついたのが第三者でない観察者という考えである。これにはいけると、二人ともすぐにひらめいた。つまり家族の一員に観察者の役をになってもらうのである。具体的には、学生にその役を果たしてもらうことになった。学生の自宅をまず観察対象の家に選定する。そしてその学生が自宅に戻ったおりに、他の家族にはそのことを説明しないでふだんどおりの生活の様子を観察してもらうのである。詳細は省くが、結果的にはこれは成功した。学生が家族の役と観察者の役の両方をになうむずかしさはあるが、第三者がはいることによる不自然さの問題よりははるかに軽微なこととされた。生活まるごと観察は、誰もそこまでやったことのない(もとより文化人類学の分野で時間をかけて行う方法はあるが)めずらしいもので、その後の住宅研究に大きな影響を与えることになった。

このようにひとびとの住宅観や暮らし方を個性的な方法で調べ、その意味を地域の文化や社会慣習、人間の心的側面などとむすびつけて解釈するのは、足達先生一流の方法であった。単に技術的な解決、改善を目指す研究よりも、計画研究の基礎をなす、場合によってはそれまでの考え方を根底から変えてしまうような計画価値にかかわる研究はおもしろく、それだけにひとがあまりやらない、それだからこそユニークで楽しい研究をめざすように言われていたように思う。ひとのやらないことをやるのは、すなわち研究の原動力になることである。

研究か環境か

最終講義の最後にのこされた言葉が、「研究か環境か」であった。大学に関係のある(あった)方以外には分かりにくいので少し説明すると、先生が退官する少し前から大学にも改革の波がおしよせてきた。少子高齢化、学生の減少、小さな政府、大学の民営化(後に法人化)などの社会構造の変化により、大学間の競争、ひいては教員間の競争意識を高め、研究・教育分野での国際競争力をつけるとともに、今後のこるべき優秀な大学の選別がはじまったことが背景にある。そのため教員は常日頃研究業績をあげるための努力をしいられることになる。とどのつまりそれは論文数(審査つき論文でという意味だが)ということである。皮肉った言い方をすれば、一編の質の高い論文よりも少しぐらい質を下げてでも数のほうが優先されるということになる。「研究か環境か」というのは、それを足達流に解釈して、現今の大学をとりまく状況について嘆かわしい気持をこめてのべたものである。

その意味では足達先生は、ふだんから研究を愛し、楽しみながら仕事をしていたのはまちがいないのだが、しかし研究のための研究はそれこそ避けていた。学会に発表される論文の質が最近よくないとか、おもしろくないものが多いという言い方をときどきされていたが、これは方法論のみにこだわり、そもそもの目的意識(よい環境、よい研究をつくるという目標)が明瞭でない論文がふえていることに対して痛烈に批判していたものと思われる。学会などに発表する論文を研究室で作成するときにでも決して無理をしなかった。目的があいまいな論文は徹底的に議論をして修正するか、そうでなければやめる。無理をしてでも論文の数をふやすようなことはしなかったのである。現在の状況からするといささか状況の認識が甘い(失礼!)のではないかと思えるぐらいだが、しかしそれは研究はもちろん愛するけれどもそれよりもひとびとのくらしの場となる環境がなによりも大切で、環境をよくするためのエネルギーは惜しみなくつかうという哲学がつらぬかれていたのである。

よい環境づくりのために、退官近くになっても全道のまちや農村にでかけ、自ら観察し、ひとと会い、ひとと話し、そして地元の息吹きを感じ、それをもちかえっては熟考して計画案をねっていた。フィールドを大切にして、現場感を失わず、つねに新しい環境やすまいのあり方を提案しつづけるエネルギーの元はなんなのか。かんたんに人間主義につらぬかれた哲学があるとはいいたくはないのだが、ものについて語るときも、すまいや環境について語るときも、そこには必ずといってよいほど人間くささが感じられることからしても、人間主義に裏打ちされた研究哲学があるのはやはり否定できない。

野口孝博

年	年齢	月	事　項	すまい
1963(昭38)	31	3 4 10	日本住宅公団退職 奈良女子大学家政学部講師[奈良市北小路町の官舎に住む] 長男生まれる	奈良に住む
1965(昭40)	33	6	奈良女子大学家政学部助教授	
1968(昭43)	36	6	次男生まれる	
1973(昭48)	41	9～11	フランスへ出張(日本学術振興会派遣)	
1974(昭49)	42	4	北海道大学工学部建築工学科住居地計画学講座教授[札幌市東区の公務員宿舎(大学村)に住む]	札幌に住む
1979(昭54)	47	6	北欧の住宅事情視察	
1980(昭55)	48	6 9	自宅を新築[札幌市南区澄川] フランスへ出張(鹿島学術振興財団)	
1984(昭59)	52		国際記念物遺跡会議(イコモス)出席(ベルリン)	
1993(平5)	61		妻病没	
1994(平6)	62		フランスへ出張	
1995(平7)	63	3 4	北海道大学退官，北海道大学名誉教授 福山大学工学部教授[京都市北区鞍馬口通のアパートに住む]	京都に住む
1996(平8)	64		国際記念物遺跡会議(イコモス)出席(ブルガリア・ソフィア)	
1997(平9)	65	9～11	フランスへ出張(日本学術振興会派遣)	
2001(平13)	69		自宅(札幌)にて倒れる。札幌市豊平区の脳神経外科病院に入院	
2002(平14)	70	3 6	福山大学工学部定年退職 病没	

すまいの年譜

年	年齢	月	事　　項	すまい
1932(昭7)	0	4	京都府竹野郡(現京都府京丹後市)網野町に生まれる	網野町に住む
1938(昭13)	6	4	京都府竹野郡島津尋常小学校入学	
1941(昭16)	9		国民学校令により島津国民学校に名称変更	
1944(昭19)	12	3	京都府竹野郡島津国民学校初等科卒業	
1945(昭20)	13	4	京都府立宮津中学校(旧制)入学	
1948(昭23)	16	4	学制改革のため京都府立宮津高等学校2年に移行	
1949(昭24)	17		結核のため1年間休学	
1951(昭26)	19	3 4	京都府立宮津高等学校卒業 京都大学工学部建築学科入学 [下宿：左京区田中飛鳥井町／宇治校舎に通学]	京都市に下宿
1952(昭27)	20		[下宿：洛北下鴨梅の木町／吉田校舎に通学]	
1954(昭29)	22		[下宿：左京区北白川追分町・熊野聖護院町]	
1955(昭30)	23	3 4	京都大学工学部建築学科卒業 京都大学大学院工学研究科建築学専攻修士課程入学[下宿：下鴨松の木町]	
1957(昭32)	25	3 4	京都大学大学院工学研究科建築学専攻修士課程修了 日本住宅公団(東京都)技師[下宿：小田急線狛江]	東京・フランスに住む
1958(昭33)	26		晴海公団住宅(独身者用)に住む[東京都中央区]	
1959(昭34)	27		荻窪単身アパートに住む[東京都杉並区西田町]	
1960(昭35)	28	10	結婚[東京都三鷹市西窪(現在・武蔵野市緑町)の公団住宅に居を構える]	
1961(昭36)	29	7	フランスへ出発(フランス政府奨学生)	
1962(昭37)	30	6	フランスから帰国	

足 達　富士夫（あだち ふじお）

1932 年　京都府に生まれる
1955 年　京都大学工学部建築学科卒業
日本住宅公団（当時），奈良女子大学勤務を経て，
北海道大学工学部教授，福山大学教授
2002 年　没

著　書
北海道農村住宅変貌史の研究〈編著〉（北海道大学図書刊行会，1995 年）
北の住まいと町並（北海道大学図書刊行会，1990 年）
新建築学大系（7）住居論〈共著〉（彰国社，1987 年）
北海道の住宅と住様式〈編著〉（北海道大学図書刊行会，1982 年）
歴史の町なみ 北海道・東北篇〈編著〉（NHK ブックス，1980 年）

私のすまい史──関西・北海道・パリ

2008 年 11 月 25 日　第 1 刷発行

著　者　足 達　富士夫

発行者　吉 田　克 己

発行所　北海道大学出版会
札幌市北区北 9 条西 8 丁目 北海道大学構内（〒060-0809）
tel. 011（747）2308・fax. 011（736）8605・http://www.hup.gr.jp

岩橋印刷㈱／石田製本

ISBN978-4-8329-7401-2

ストーブ博物館

新穂栄蔵

北海道大学出版会

冬の日の想い出が，
あの柔らかなぬくもりとともに
よみがえってくる――。

世界各国のストーブの歴史から熱工学・燃料まで豊富な写真・図版に基づき興味深く解説する。

定価［本体1400円＋税］

北海道大学出版会